はじめてママも これならできる！

園児のかわいい おべんとう

料理研究家・栄養士
阪下 千恵

新星出版社

はじめに

「朝ちゃんと作れるかな…」
「ちゃんとひとりで食べられるかな…」。
はじめてのおべんとう生活には不安や心配がつきもの。
でも、おべんとうとはいってもあくまで普段の食事の延長です。
わが子の食べられる量やおかずを想像して、
「おべんとうの時間が楽しみでありますように」
と思いながら作れば、お料理が苦手でもきっと大丈夫。

おかずの切り方を変えたり、ピックを刺したりなど、
ちょっとかわいくしてあげるだけでも、
子どもはすごくよろこんでくれます。
子どもにとっては、見た目に凝っているかどうかよりも、
「ママが作ってくれた」ということが最高なのです。

小さかったわが子がりっぱに幼稚園に通い、
「おべんとうおいしかった！」と、からっぽのおべんとう箱を
誇らしげに見せてくれるとよろこびもひとしお。
手作りのおべんとうの楽しい思い出は、
きっと子どもの心に残ってくれるはずです。

この本が、みなさんのおべんとう生活を
楽しくすてきなものにしてくれることを願っています。

おべんとう作りを楽しく続けるための
5つのヒント

1 おかずの数は無理して増やさない

2 栄養バランスは、
　一週間でとれていればOK

3 いざというときのために、
　すぐに使えるおかずを準備

4 かわいいグッズを活用する

5 前日の夜におべんとうの中身を
　なんとなく決めておく

contents

- 2　はじめに
- 6　おべんとう箱 & 基本のグッズ選び
- 8　おべんとうを楽しくする5大アイテム
- 10　おべんとうのデザイン & 詰め方
- 12　食べやすくするための"ひと工夫"
- 14　おべんとうのお役立ち食材
- 16　おべんとう作りがラクになるテクニック

Part 1　栄養バランス満点！ 1カ月のアイデアおべんとう

タイムテーブルレシピ（P18参照）

年少さん向け
- 18　1カ月おべんとうカレンダー
- 20　ウインナーと卵焼きべんとう
- 22　オムライスべんとう
- 24　から揚げべんとう
- 26　ハンバーグべんとう
- 28　鮭とうずらのフライべんとう
- 30　ミートボールべんとう
- 32　ミックスサンドべんとう
- 34　エビフライべんとう
- 36　ささみのピカタべんとう
- 38　チキンナゲットべんとう
- 40　白身魚の青のりフリッターべんとう
- 42　グラタン & ミニパンべんとう
- 44　手まり寿司おにぎりべんとう
- 46　エビマヨべんとう
- 47　焼きたらこのおにぎりべんとう
- 48　細巻きと鶏の照り焼きべんとう
- 49　メカジキのピザ風トースター焼きべんとう
- 50　カレーつくねべんとう
- 51　鶏もも肉のケチャップ炒めべんとう
- 52　ブリの照り焼きべんとう
- 53　牛肉のにんじん巻きべんとう
- 54　レンジシュウマイべんとう
- 55　メカジキのベーコン巻きべんとう

年中・年長さん向け
- 57　2週間おべんとうカレンダー
- 58　カレーピラフべんとう
- 60　酢豚べんとう
- 62　そぼろべんとう
- 63　野菜入りハンバーグべんとう
- 64　タコライス風ごはんべんとう
- 65　ロールパンのホットドッグべんとう
- 66　鮭のせ混ぜごはんべんとう
- 67　ねこのおいなりさんべんとう
- 68　サワラのみそマヨべんとう
- 69　から揚げおにぎりべんとう

本書の使い方

- 本書で紹介しているおべんとうの量はあくまで目安です。個人差があるので、お子さんの食べる量に合わせて調整してください。
- 材料は、子ども1人分もしくは作りやすい分量です。1人分以外の場合にはそのつど分量を表記しています。
- 小さじ1＝5㎖、大さじ1＝15㎖です。
- 電子レンジは600Wを基準にしています。加熱時間はあくまで目安ですから、様子をみながら加減してください。
- うずらの卵、ミニトマト、こんにゃくなど、のどに詰まりやすいものは注意が必要です。お子さんの成長に応じて切るなどしてください。
- つまようじやピックには注意が必要です。食べる練習をしてから使用し、おべんとうに入れる場合は誤って食べないよう、刺さっていることがハッキリ分かるようにしてください。
- おべんとうにピックを使う場合、ピックの角度を調整するなどしてフタを閉めてください。
- すきまおかずなどに使用しているくだものについては、特に切り方などを記載していないものがあります。おうちにあるものや好みのものに変えてもOKです。
- 仕切りに使うレタスなどの葉物やパセリは、レシピ中では省略しています。

Part 2 寝坊したときも安心！
ピンチきり抜けおべんとう

- 72 焼きそばべんとう
- 73 オムレツのせナポリタンべんとう
- 74 お好み焼きべんとう
- 75 ホットケーキべんとう
- 76 食パンサンドべんとう
- 77 チャーハンべんとう
- 78 お魚ソーセージサンドべんとう
- 79 焼きおにぎりべんとう
- 80 親子丼べんとう

Part 3 みんなで楽しくおいしく！
にぎやかおべんとう

- 86 スコッチエッグべんとう
  - のり巻きおにぎり
  - うずらのスコッチエッグ
  - 温野菜 & ツナディップ
  - ミニトマトとチーズのピック
- 88 炊き込みおこわべんとう
  - 炊き込みおこわ　● 串カツ　● だし巻き卵
  - ほうれんそうとかまぼこの塩昆布ごま和え
- 90 フライドチキン&ロールサンドべんとう
  - ロールサンドイッチ
  - フライドチキン & ポテトフライ
  - マカロニサラダ
- 92 焼き肉サンド&フルーツサンドべんとう
  - 焼き肉サンドイッチ
  - フルーツサンドイッチ
  - 具だくさんポテトサラダ

Part 4 飽きない、飽きさせない！
カラフルバリエーションおかず

- 96 肉のおかず
- 99 卵のおかず
- 100 魚介のおかず
- 102 赤のおかず
- 103 緑のおかず
- 104 黄のおかず
- 105 白・黒・茶のおかず
- 106 すきまおかず
- 108 食材別インデックス

COLUMN

- 56 かんたんかわいいおにぎりデコ
- 70 便利グッズでかわいくデコ ❶
  （のりパンチ・ハサミ）
- 81 便利グッズでかわいくデコ ❷
  （抜き型・手作りピック）
- 82 かわいい飾り切りテクニック
- 84 冷凍アレンジコレクション
- 94 おべんとうを傷みにくくするポイント

STAFF

▶調理アシスタント
佐藤香織
和田育枝

▶撮影
矢野宗利

▶スタイリング
髙木ひろ子

▶アートディレクション
大薮胤美
(phrase)

▶デザイン
瀬上奈緒
(phrase)

▶編集
佐々木智恵美
荒牧秀行
滝本茂浩
(K-Writer's Club)

おべんとう箱＆基本のグッズ選び

おべんとう箱

サイズ
270〜350mlが目安

最初は270ml程度の小さめのものをセレクト。子どもの食べる量や成長に合わせて大きくしていきますが、350ml程度までが目安。

かたち
浅めのだ円

シンプルなだ円型が使いやすくおすすめ。深いと子どもが食べにくかったり、おかずが動いてしまったりするため、浅めのものを選びましょう。

最初はこんなタイプがオススメ

色
淡いもの

詰めた食べ物の色が映えておいしそうに見える、やさしいパステルカラーがおすすめ。

材質
プラスチック製、丈夫なもの

扱いやすいプラスチック製が多く出回っています。毎日使うものなので丈夫なものを選んで。電子レンジOK、食洗機OKなどパッケージの表示を確認しておきましょう。

表示をチェック！

こんなタイプも便利！

角が丸い四角や変形タイプ

だ円と同じく詰めやすいのが角の丸い四角タイプ。動物や乗り物などの変形タイプもおかずの場所が決まりやすく意外に詰めやすいです。

アルミタイプ

冬に保温器で温める場合に便利。園によって材質の指定が異なるので、事前に確認が必要です。

くだもの用の小さいタイプ

メインのおべんとう箱にプラスして使います。食べる量が増え、おべんとう箱が小さくなってきたときの量の調整にも。

扱いやすくて長く使えるシンプルなものがおすすめですが、園で材質などを指定されている場合があるので事前に確認しましょう。何より子どもが気に入って使えることが大切です。

おべんとう箱のフタ

どちらでもok！

おうちで練習してから使おう！

かぶせるタイプ
力を使わずに開けられるので便利ですが、汁もれには注意が必要です。

留めるタイプ
練習をすれば、留め具を使ったタイプもOK。汁もれの心配がなく安心。

シールタイプ
子どもの力ではぴったり閉めるのが難しいため不向きです。

カトラリー

フォーク　先が尖って刺しやすいもの
先がステンレスのものが清潔。しっかりと刺さって食べ物を捉えやすいものがよい。

スプーン　深さがあってすくえるもの
同じく先がステンレスで、深さがあって食べ物をきちんとすくい上げられるものがよい。

はし　滑り止めがついているもの
断面が四角いタイプが持ちやすく、先端に滑り止めがついたものが使いやすい。

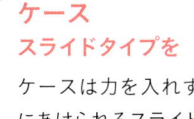

ケース　スライドタイプを
ケースは力を入れずにあけられるスライドタイプがおすすめ。

3点セットタイプは使いにくい可能性も
フォーク、スプーン、はしがセットになったタイプはコンパクトになった分、形状が使いにくくことがあるのでよく確認してから選んで。

おべんとうの包み

巾着タイプ
手で広げやすく、ヒモを引くだけで閉められるのでおすすめ。

バンダナタイプ
子どもは結び目をほどけないため、避けたいタイプ。

▶▶ おべんとうを楽しくする 5 大アイテム

カップ おかずをまとめてくれるだけでなく、彩りもプラスしてくれるカップ。どんなタイプの場合も、6号と8号がサイズの目安です。

使いやすいサイズ
ひと口大のおにぎりが入る6号タイプ、おかずにぴったりの8号タイプが便利。

いろいろな色があると便利
赤系・黄系・緑系をそろえておくと、おかずの色が地味なときに彩りをプラスできる。

油と水が染みないタイプ
表面に特殊なコーティングが施されているもの。

ほかにこんなタイプも
小さなおかずにぴったりなミニサイズ（写真左）や、かわいいキャラつきのタイプ（写真右）などもあります。

ピック 本書でもよく使用しているピック。小さいおかずを食べやすくまとめ、おべんとうの楽しいアクセントにもなってくれます。

先がフォーク状のもの
おかずにしっかり刺さりやすいタイプ。

いろいろなバリエーション
形に変化のある文字タイプ（写真左）、にぎやかな印象の旗ピック（写真中央）、長さのあるサンドイッチタイプ（写真右）。

⚠ ピックを使うときの注意

安全に食べてもらうためには、ピックがついていることがはっきり分かることが大切です。また、具材にきちんと刺さり、外れないことも大事。詰める前に、持ってみて確認を。

変身ピック
ミニトマトに刺すとさくらんぼになるなど、遊び心のあるタイプ。

本書でよく使っているもの
先にひっかかりがあり、ほどよい太さのものが、どんな食材にも刺しやすく使いやすい。

手間なくカンタンにおべんとうをにぎやかにしてくれる、便利なお助けアイテムです。
子どもがよろこんでくれることはもちろん、おべんとう作りの時間も楽しくしてくれます。

バラン・ワックスペーパー

おかず同士の味が混ざるのを避けてくれるだけでなく、カップやピックと同様、おべんとうをにぎやかにしてくれます。

バラン
スタンダードなタイプ

一般的な葉っぱ型、顔つきなどのプレーンなタイプは、どんな種類のおべんとうにも使いやすい。

ワックスペーパー
敷いたり包んだりいろいろ役立つ

パンやおにぎりを包むだけでなく、おべんとう箱の中に敷き込んでおかずを詰めたり、広い用途で使えます。

バラン
長さが変えられるタイプ

おべんとう箱の幅やおかずの大きさなどに合わせて、手で切って長さが変えられます。

バラン
高さが変えられるタイプ

おべんとう箱の深さに合わせて、手で切って高さが変えられます。

のりパンチ

のりを簡単に型抜きできるアイテム。手早くかわいくしたいときに役立ちます。

おにぎり型とセットになったタイプ

スタンダードな顔タイプ

▶ 詳しい使い方は P70 へ

抜き型

野菜やハム、チーズなどを抜いて、かわいくにぎやかにしてくれる型。

金属製　　**プラスチック製**

▶ 詳しい使い方は P81 へ

おべんとうのデザイン＆詰め方

おべんとうのデザイン

バランス
主食は半分程度

おべんとう箱の半分かやや多めにごはんなどの主食を、残りに主菜（肉や魚のおかず）、副菜（野菜のおかず）を配分すると栄養バランスよく詰められます。

詰め方
中身が動かないように＆つかみやすく

おかずが動くと持ち歩く間に偏るため、おかず同士のどこかがくっついている程度に詰めます。ぎゅうぎゅうに詰めると子どもがフォークや指を入れられず、食べにくいので注意。

詰める量
フチいっぱいに入れない

子どもはフォークなどでおかずをすくっておべんとう箱の側面に沿わせて取り出すため、おべんとう箱いっぱいまで詰めないように気を付けましょう。

彩り
赤・緑・黄を入れる

野菜は家で食べている範囲のものでOK。赤・緑・黄のものを入れるとバランスよく栄養が摂れます。

おまけ
すきまおかずで楽しみをプラス♪

すきまには枝豆やフルーツ、チーズやかまぼこなどを入れます。おべんとう箱の中でおかずが動きにくくなるだけでなく、子どもの楽しみにもなります。

 避けたほうがいい食材

[レタス　レモン　パセリ
汁気のあるもの]

レタス・パセリ・レモンは年少さんのおべんとうでは避けたほうがベター。食べられるようになったら少しずつ使って。汁気のあるものはどんな場合もNGです。

子どもが無理なく食べきれる量を、食べやすく詰めることが大切。
「彩りよく」を心がけると、自然と栄養バランスも整ってきます。

1 ごはんを詰める
おにぎりは隅に寄せて、ごはんならふっくらと詰める。

2 大きいおかずを詰める
位置を決めやすい主菜などの大きなおかずを配置する。

3 小さいおかずを詰める
大きいものから小さいものへ、形のあるおかずを詰める。

4 形の定まらないおかずを詰める
サラダなど形が定まらないものを詰める。カップに入れると詰めやすい。

5 すきまおかずで調整する
あいたところに小さなおかずを差し込んで完成！

意外に詰めやすい！

変形タイプにも挑戦

一見難しそうに見える変形のおべんとう箱ですが、くぼみなどを利用するとおかずが固定しやすく、意外に詰めやすいのでおすすめ！　手順は上記の方法と同じです。

ごはんを詰める → 大きいおかずを詰める → 小さいおかずを詰める → 形の定まらないおかずを詰める → すきまおかずで調整する

▶▶ 食べやすくするための"ひと工夫"

1. おにぎりやおかずは、子どものひと口サイズに

おにぎり

麺類

おにぎりは子ども茶碗1杯分を3個程度に等分して丸めたサイズ。麺類を詰めるときにも、同じサイズのひと口分ずつをまとめて詰めるといいでしょう。

卵のおかず

野菜のおかず

肉のおかず

から揚げなら2cm程度がひと口大。卵焼きなら2cm、ブロッコリーは2〜3cm程度。肉は小さく切って加熱するとかたくなりやすいため、大きめに作って、詰める前に切りましょう。いずれもピックを刺すとひと口で食べやすいです。

実寸サイズ

おべんとうの食べやすさも、楽しく食べるための大事なポイント。
子どもの口の大きさや、噛む力、手指の器用さなどを考慮して工夫してあげましょう。

2. つかみやすくする工夫

**手につきやすいごはんには
のりを巻く**

**ベタつくおかずには
ピックを刺す**

**形のないおかずは
ラップでまとめる**

**パラパラしたおかずは
ピックで刺す**

3. 魚は下処理で食べやすく

**骨と皮を
ていねいに取り除く**
皮は包丁などでそぎ取り、骨は骨抜きで取り除いてから使う。

**刺身用や
切り身が便利**
刺身用のサクや、メカジキのように最初から皮と骨が取り除かれている切り身を使うとラクです。

4. 味うつりを防ぐテクニック

調味料はおかずの底につける
マヨネーズやケチャップなどの調味料はおかずの底面につけるとおべんとう箱のフタや隣のおかずにつきません。

5. 食べやすいやわらかさに

**おにぎりはできるだけ
炊きたてごはんでにぎる**
冷凍ごはんでおにぎりを作ると冷めてからかたくなりやすいので、できるだけ炊きたてごはんで作って。にぎったものを冷凍し、解凍して詰めてもいいです。

**野菜はレンジ加熱よりも
ゆでた方がかたくなりにくい**
野菜は電子レンジで加熱するとかたくなりやすいため（特にさつまいもなど水分量が少ないものは注意）、ゆでてから使うのがおすすめです。

▶▶ おべんとうのお役立ち食材

冷凍 冷凍食材は日持ちするので、準備しておくと安心。小分けになっているタイプも便利です。

ストックできてお役立ち!

＼解凍してそのまま使う／　＼解凍してそのまま詰める／　＼解凍後に調理して使う／

冷凍枝豆

冷凍グラタン

冷凍ミックスベジタブル

冷凍ほうれんそう

冷蔵 本書のレシピにもよく出てくる、使い回しのきく食材。困ったときにすぐに一品作れるので、冷蔵庫に常備するといいでしょう。

ウインナーソーセージ　ベーコン　ハム（厚切り・薄切り）　ちくわ　スライスチーズ　卵

常温 日持ちする野菜、缶詰やパック入りのストック食材などもあると便利。ひじきや豆は、戻す手間なくそのまま使えます。

根菜類

ツナ缶

コーン缶

ひじき水煮缶

マカロニ

ストック食材や味に変化をつけてくれる食材、調理をラクにする食材など、
おべんとう作りに役立つ食材を紹介します。

ごはんに便利

ごはんに混ぜたりまぶしたりする食材も持っておきたいもの。
ふりかけは複数の味が小分けになったタイプが便利です。

アレンジに
お役立ち！

いりごま（黒・白）　　フレーク（鮭・たらこ）　　小分けタイプの　　のり
　　　　　　　　　　　　　　　　　　　　　　　　ふりかけ

あえ衣に便利

ゆでた野菜などのあえ衣になる食材。
複数持っておくと簡単に味に変化がつけられます。

すりごま（黒・白）　　かつおぶし　　ピーナッツ粉　　ゆかりふりかけ

寝坊しても大丈夫

寝坊したときのために、すぐに詰められるおにぎりや
ボリューム感のあるおかずを準備しておくと安心です。

冷凍おにぎり　　冷凍フライドポテト　　冷凍の主食おかず

▶▶ おべんとう作りがラクになるテクニック

おべんとうを作る前に知っておきたい、役立つテクニック。
小さなコツですが、効率がぐっと上がってラクになります。

● 時間がかかるものから加熱する

火が通るまでに時間がかかるものから調理開始。火にかけている間に他のおかずを作りましょう。

● 1つの道具を使い回す

フライパンで青菜をゆでた後に卵を焼くなど、1つの道具で調理を済ませると片付けがラク。汚れた場合はペーパータオルで拭いて。

● 同じ湯を使って時間差でゆでる

複数の材料をゆでるときは、同じ湯にかたいものから順番に入れて加熱していくとムダがありません。

● 汚れないものから切る

できるだけ「野菜→肉や魚」の順に切ると、まな板を途中で洗うのもラクで衛生的。

この本の使い方

この本では、はじめておべんとう作りをする人にも分かりやすいように、いろいろな工夫をしています。

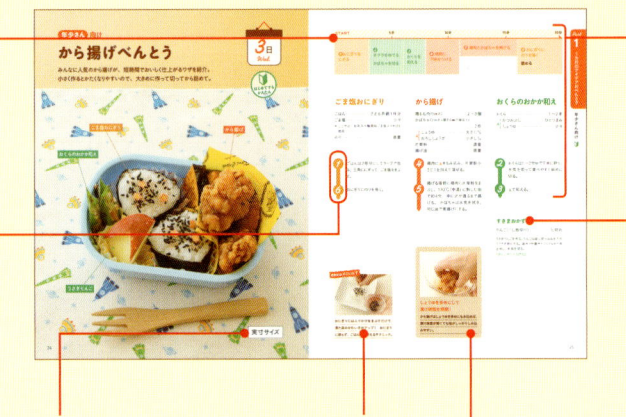

タイムテーブル
P20〜80までのレシピでは、時間を効率よく使ってスムーズに作れる手順を表にしています。

タイムテーブルと手順番号をリンク
Part1で紹介している年少さん向け、年中・年長さん向けおべんとうの最初に出てくる数レシピでは、おべんとう作りの段取りに慣れやすいよう、タイムテーブルに合わせて調理工程に番号をふり、作り方を紹介しています。

実寸サイズ
「実寸サイズ」と記載のある写真は、ほぼ実寸大です。おべんとう箱やおかずのリアルな大きさを見ることができます。

かわいいポイント
おべんとうを手間なくかわいく見せることのできるコツやテクニックを紹介しています。

調理のポイント
調理する際のポイントや、ラクにするコツなどを紹介しています。

主食・主菜・副菜を色分け
料理名の色を、主食=オレンジ、主菜=赤、副菜=緑で色分けしています。

すきまおかず
ここで紹介しているものは、あくまで参考です。おうちにあるものを入れてください。おべんとう箱におかずを詰める際に準備し、すきまのスペースに合わせて量も調節してください。よく使うすきまおかずをP106で紹介しています。

Part 1

栄養バランス満点！
1カ月のアイデアおべんとう

お子さんもママもドキドキのおべんとう生活がスタート。
最初はお子さんが楽しく完食できることが大切ですから、
好きなものを優先して作ってあげてください。
献立作りが難しい…というママのために、
年少さん向け／年中・年長さん向けの
献立カレンダーに沿って紹介していきます。

《 Part 1のレシピの見方 》

P20～45　P58～61のレシピ

タイムテーブルの手順に従って、作り方に番号をふっています。

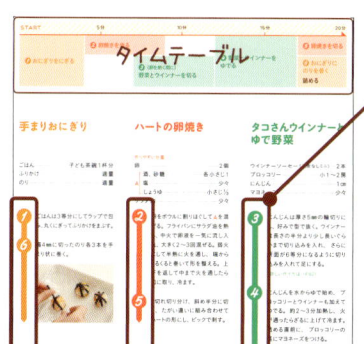

> タイムテーブルの手順通りの番号です

年少さん向け、年中・年長さん向けそれぞれに、見開きページのレシピでは、よりていねいに手順を紹介しています。タイムテーブルの流れを見ながら、番号を追ってレシピを読んでください。

その他のレシピ

それぞれのおかずごとに、作り方の手順番号をふっています。

> 各おかずごとに手順を表記しています

1ページ単位で紹介しているおべんとうは、それぞれのおかずごとに作り方の手順を説明しています。タイムテーブル表を読んで手順をイメージしてから、各おかずの作り方を読んでください。

年少さん 向け

1ヵ月おべんとうカレンダー

はじめてのおべんとう作りに便利な、1ヵ月分の献立カレンダーです。シンプルで作りやすい王道メニューがおすすめですが、慣れるまではお子さんの好きなものを優先して。主菜（肉・魚）と、主食（ごはん・パン）の種類を変えるのが、バリエーション豊かな献立作りのコツです。

📖 **初心者におすすめ**
はじめての人にも作りやすい、シンプルでオーソドックスなレシピです。

🕐 **タイムテーブルレシピ**
タイムテーブルの手順に沿ってレシピ工程を紹介している、段取りが分かりやすいレシピです。

Monday	Tuesday
1日  ウインナーと卵焼きべんとう ▶P20	**2日**  オムライスべんとう ▶P22
8日  ミートボールべんとう ▶P30	**9日**  ミックスサンドべんとう ▶P32
15日  白身魚の青のりフリッターべんとう ▶P40	**16日**  グラタン & ミニパンべんとう ▶P42
22日  細巻きと鶏の照り焼きべんとう ▶P48	**23日**  メカジキのピザ風トースター焼きべんとう ▶P49
29日  牛肉のにんじん巻きべんとう ▶P53	**30日**  レンジシュウマイべんとう ▶P54

Wednesday	Thursday	Friday

3日
から揚げべんとう
▶P24

4日
ハンバーグべんとう
▶P26

5日
鮭とうずらのフライべんとう
▶P28

10日
エビフライべんとう
▶P34

11日
ささみのピカタべんとう
▶P36

12日
チキンナゲットべんとう
▶P38

17日
手まり寿司おにぎりべんとう
▶P44

18日
エビマヨべんとう
▶P46

19日
焼きたらこのおにぎりべんとう ▶P47

24日
カレーつくねべんとう
▶P50

25日
鶏もも肉のケチャップ炒めべんとう ▶P51

26日
ブリの照り焼きべんとう
▶P52

31日
メカジキのベーコン巻きべんとう ▶P55

年少さん 向け

ウインナーと卵焼きべんとう

シンプルで食べ飽きない、はじめてにぴったりのおべんとう。
きっとこれから何度も作る、王道の組み合わせです。

1日
Mon.

はじめてでもかんたん

手まりおにぎり

ゆで野菜

ハートの卵焼き

タコさんウインナー

実寸サイズ

| START | 5分 | 10分 | 15分 | 20分 |

- ❶ おにぎりをにぎる
- ❷ 卵焼きを作る
- ❸ (卵を焼く間に) 野菜とウインナーを切る
- ❹ 野菜とウインナーをゆでる
- ❺ 卵焼きを切る
- ❻ おにぎりにのりを巻く / 詰める

Part 1 1カ月のアイデアおべんとう

年少さん向け

手まりおにぎり

ごはん………………子ども茶碗1杯分
ふりかけ………………………適量
のり……………………………適量

1 ごはんは3等分にしてラップで包み、丸くにぎってふりかけをまぶす。

6 幅4mmに切ったのり各3本を手まり状に巻く。

マヨネーズは具材の下につける
野菜につけるマヨネーズは、上にかけるのではなく底面につけると、おべんとう箱のフタや他のおかずにつかない。

ハートの卵焼き

作りやすい分量
卵……………………………………2個
A ┌ 酒、砂糖………………各小さじ1
  │ 塩………………………………少々
  └ しょうゆ………………小さじ⅓
サラダ油………………………………少々

2 卵をボウルに割りほぐしてAを混ぜる。フライパンにサラダ油を熱し、中火で卵液を一気に流し入れ、大きく2〜3回混ぜる。弱火にして半熟に火を通し、端からくるくると巻いて形を整える。上下を返して中まで火を通したら皿に取り、冷ます。

5 1切れ切り分け、斜め半分に切り、たがい違いに組み合わせてハートの形にし、ピックで刺す。

かわいいPOINT

卵焼きは1切れを斜め半分に切って、そのうち1個の向きを変えて組み合わせればハート型に。簡単にかわいく仕上げるアイデアです。

タコさんウインナーとゆで野菜

ウインナーソーセージ(皮なしミニ)…2本
ブロッコリー………………小1〜2房
にんじん………………………………1cm
マヨネーズ……………………………少々

3 にんじんは厚さ5mmの輪切りにし、好みで型で抜く。ウインナーは長さの半分より少し長いぐらいまで切り込みを入れ、さらに断面が6等分になるように切り込みを入れて足にする。
(詳しい作り方は→P82)

4 にんじんを水からゆで始め、ブロッコリーとウインナーも加えてゆでる。約2〜3分加熱し、火が通ったらざるに上げて冷ます。詰める直前に、ブロッコリーの茎にマヨネーズをつける。

年少さん 向け

オムライスべんとう

子どもが大好きなオムライスはおべんとうにもぴったり。
ごはんを詰めてから卵をかぶせるだけの、
失敗しらずの作り方です。

2日 Tues.

はじめてでもかんたん

オムライス
キウイ
ゆで野菜

実寸サイズ

```
START          5分           10分           15分          20分
```

| ① ケチャップライスを作る | ② 卵を焼き、型で抜く | ③ オムライスの形を作る | ④ 野菜をゆでる | 詰める |

Part 1　1カ月のアイデアおべんとう　年少さん向け

オムライス

温かいごはん……… 子ども茶碗1杯分
ミックスベジタブル（冷凍）…… 大さじ1
＊凍ったまま使う
ベーコン………………………… 1/2枚
サラダ油………………………… 小さじ1
A [トマトケチャップ ……… 大さじ2/3
　　 ウスターソース………… 小さじ2/3]
塩、こしょう、顆粒コンソメ… 各少々
卵 ……………………………………… 1/2個
B [塩、こしょう …………… 各少々
　　 牛乳 ………………………… 小さじ1/2]
トマトケチャップ …………………… 適量

1 ベーコンは粗みじん切りにする。フライパンに半量のサラダ油を熱し、ベーコンとミックスベジタブルを炒め、Aを加えて汁気が半分になるまで煮詰める。ごはんを入れて炒め合わせ、塩、こしょう、顆粒コンソメで味を調える。ラップで包んでおべんとう箱の形に合わせて形を整え、詰めて中央にケチャップを絞る。

2 ボウルに卵を割りほぐしてBを混ぜる。一度きれいにしたフライパンに残りの油を熱し、一気に流し込む。1〜2回大きく混ぜて火を通し、形を整える。弱火で途中裏返して火を通す。取り出して中央を型で抜く。

3 卵をごはんの上にのせ、ラップで包んで手で押さえて形を整える。

ゆで野菜

スナップエンドウ ……………………… 2本
さつまいも ……………………………… 1cm
塩 ……………………………………… 少々

4 スナップエンドウは筋を取り除き、さつまいもは水にさらす。

さつまいもは水からゆで始め、沸騰したらスナップエンドウを入れる。スナップエンドウは1〜2分、さつまいもはやわらかくなるまでゆでて水気を切り、塩をふって食べやすい大きさに切る。

すきまおかず

キウイ（食べやすく切る）……………… 適量

ごはんはラップで成形して詰める
ごはんはラップで成形することで、卵でごはんを包むテクニックがいらず、きれいに仕上がる。

かわいいPOINT
型抜きしたハムやチーズを卵にのせてもにぎやかに。卵に十字に切り込みを入れて広げれば、型がなくてもキュートに。

年少さん 向け

から揚げべんとう

みんなに人気のから揚げが、短時間でおいしく仕上がるワザを紹介。
小さく作るとかたくなりやすいので、大きめに作って切ってから詰めて。

3日 Wed.

はじめてでもかんたん

ごま塩おにぎり

から揚げ

おくらのおかか和え

うさぎりんご

実寸サイズ

| START | 5分 | 10分 | 15分 | 20分 |

1. おにぎりをにぎる
2. オクラをゆでる かぼちゃを切る
3. おくらを和える
4. 鶏肉に下味をつける
5. 鶏肉とかぼちゃを揚げる
6. おにぎりにのりを巻く 詰める

Part 1 1カ月のアイデアおべんとう

年少さん向け

ごま塩おにぎり

ごはん	子ども茶碗1杯分
ごま塩	少々

＊ここでは、お花入り梅風味ごま塩ふりかけを使用

のり ……………………………………… 適量

1 ごはんは2等分にしてラップで包み、三角ににぎって、ごま塩をまぶす。

6 おにぎりにのりを巻く。

から揚げ

鶏もも肉(3cm大)	2〜3個
かぼちゃ(2cm大×厚さ5mmの薄切り)	2枚
A しょうゆ	大さじ½
おろししょうが	小さじ¼
片栗粉	適量
揚げ油	適量

4 鶏肉にAをもみ込み、片栗粉小さじ1を加えて混ぜる。

5 揚げる直前に鶏肉に片栗粉をまぶし、170℃(中温)に熱した油で約4分、中に火が通るまで揚げる。かぼちゃは水気を拭き、同じ油で素揚げにする。

おくらのおかか和え

おくら	1〜2本
A かつおぶし	ひとつまみ
しょうゆ	少々

2 おくらは1〜2分ゆでて水に取り、水気を切って食べやすく斜めに切る。

3 Aで和える。

すきまおかず

りんご(くし形切り)	½切れ

うさぎりんごを作る。りんごは皮に切り込みを入れてうさぎ形にする。塩水(分量外)にくぐらせて色止めし、水気を切る。
（詳しい作り方はP83）

かわいいPOINT

おにぎりにはふりかけをまぶすだけで、見た目のかわいさがアップ！ おにぎりに限らず、ごはんにも使えるテクニック。

しょうゆを多めにして漬け時間を短縮！

から揚げはしょうゆを多めにもみ込めば、漬け時間が短くても味がしっかりしみ込みやすい。

年少さん 向け

ハンバーグべんとう

ハンバーグはパン粉をたっぷり入れることでふんわり。
玉ねぎは生のまま、卵は省いてOK！
同時につけ合わせも作れるスピードレシピです。

4日
Thurs.

はじめてでも
かんたん

ミニハンバーグと
つけ合わせ野菜

ミニトマトと
うずらのピック

枝豆ピック　　顔つきおにぎり

実寸サイズ

| START | 5分 | 10分 | 15分 | 20分 |

- ❶ おにぎりをにぎる
- ❷ かぼちゃとアスパラを切る
- ❸ ハンバーグを作る
- ❹ おにぎりにのりを貼る
- 詰める

Part 1 1カ月のアイデアおべんとう

年少さん向け

顔つきおにぎり

ごはん	子ども茶碗1杯分
塩	少々
のり	適量

ミニハンバーグとつけ合わせ野菜

A
あいびき肉	50g
玉ねぎ（みじん切り）	小さじ2
パン粉	大さじ2強
牛乳	大さじ1・½
塩、こしょう	各少々

| サラダ油 | 小さじ½ |

B
トマトケチャップ	大さじ2
ウスターソース	小さじ1
水	大さじ1
マヨネーズ	小さじ½

スライスチーズ	¼枚
グリーンアスパラガス	1本
かぼちゃ（2cm角）	1切れ

1 ごはんは2等分にして、ラップで包み、丸くにぎって塩をまぶす。

4 のりパンチで抜いた（またはハサミで切った）のりで目鼻をつける。

2 アスパラは根元の皮をむいて斜め切りにし、かぼちゃは厚さ5mm程度の食べやすい大きさに切る。

3 Aをボウルでよく混ぜ合わせ、2〜3等分にして小判形にまとめる。

フライパンにサラダ油を熱し、ハンバーグの両面を強火で焼く。弱火にしてハンバーグの脇に野菜を入れ、フタをして約6〜8分焼いて火を通す（野菜は様子をみてやわらかくなったら途中で取り出す）。

出てきた脂をペーパータオルで拭き取り、野菜は取り出す。Bを入れて煮絡める。粗熱を取り、スライスチーズをのせる。

すきまおかず

枝豆（冷凍）	適量
ミニトマト（ヘタを取る）	適量
うずらの卵（水煮）	適量

それぞれをピックに刺す。

かわいいPOINT

白いおにぎりに目鼻をつけるだけでもかわいい印象に。ほっぺにケチャップや桜でんぶをあしらうとさらにかわいさアップ。

枝豆をピックに刺して色と形のアクセントに

枝豆はすきまをうめたいときや彩りをプラスしたいときに便利。そのままだと食べにくいので細めのピックに刺して。

年少さん 向け

鮭とうずらのフライべんとう

フライを串に刺して、食べやすくかわいいおべんとうに。
おにぎりに星形のりを貼って、かわいくおめかししました。

5日 Fri.

はじめてでもかんたん

- 鮭とうずらのフライ
- ミニトマト
- ひらひらハム
- きゅうりのゆかり和え
- コーンライスおにぎり

実寸サイズ

START	5分	10分	15分	20分
❶ おにぎりをにぎる	❷ 鮭とうずらのフライを作る		❸ きゅうりのゆかり和えを作る ❹ ひらひらハムを作る	❺ おにぎりにのりを貼る 詰める

Part 1　1カ月のアイデアおべんとう

年少さん向け

コーンライスおにぎり

ごはん	子ども茶碗1杯分
コーン（缶詰）	大さじ½
塩	少々
のり	適量

1 ごはんに水気をよく拭いたコーンを混ぜ、2等分にしてラップで包み、俵形ににぎって塩をまぶす。

5 のりパンチで抜いた（またはハサミで切った）のりを貼る。

鮭とうずらのフライ

生鮭	30g
＊骨と皮を除いた刺身用がおすすめ	
うずら卵（水煮）	2〜3個
塩、こしょう	各少々
A　薄力粉	大さじ2
卵	½個
塩、こしょう	各少々
パン粉	適量
揚げ油	適量
中濃ソース（好みで）	適量

2 鮭は2cm角程度に切り、うずら卵1個と鮭1切れを一組にしてつまようじに刺し、塩、こしょうをする（つまようじが心配な場合は刺さなくてもOK）。

Aをよく混ぜてホットケーキの生地程度の状態の衣にする（分量外の水少々または薄力粉少々で濃度を調整する）。具材を衣につけ、パン粉をしっかりとつける。

170℃（中温）に熱した油で約2分揚げる。詰める直前にソースをつける。

きゅうりのゆかり和え

きゅうり	¼本
ゆかりふりかけ	少々

ひらひらハム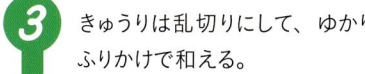

ロースハム（薄切り）	½枚

3 きゅうりは乱切りにして、ゆかりふりかけで和える。

4 ハムは中央部分に長さ2cmの切り込みを5mm間隔で入れ、半分に折って端からくるくると巻き、根元をピックでとめる。
（詳しい作り方はP82）

すきまおかず

ミニトマト（ヘタを取る）	適量

フライは衣づけがおいしさのポイント

フライは卵と薄力粉を合わせた液につけると、衣がはがれにくく見た目もきれい。パン粉はラップの上に広げれば後片付けがラク。

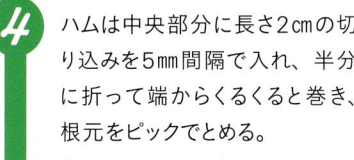

かわいいPOINT

ひらひらに飾り切りをしたハムを入れると、見た目がにぎやかになるだけでなく、ボリューム感もアップ。

実寸サイズ

いちご
さつまいもと
インゲンの甘煮
ねこちゃんおにぎり
ミートボール

年少さん 向け
ミートボールべんとう

ひと口で食べやすく、見た目もかわいいミートボールは、まとめて作って冷凍しておくとすぐに使えて便利です。

8日 Mon.

| START | 5分 | 10分 | 15分 | 20分 |

- ① おにぎりをにぎる
- ② さつまいもとインゲンの甘煮を作る
- （甘煮を加熱する間に）③ ミートボールを作る
- ④ おにぎりにのりを貼る／詰める

Part 1　1カ月のアイデアおべんとう　年少さん向け

ねこちゃんおにぎり

- ごはん……………子ども茶碗1杯分
- のり………………………………適量
- 桜でんぶ…………………………適量
- 塩…………………………………少々

1 ごはんをラップで包んでねこの形ににぎり、塩をふる。

4 のりパンチで抜いた（またはハサミで切った）のりで目鼻と耳、ヒゲをつけ、ほっぺに桜でんぶをつける。

かわいいPOINT

おにぎり型がなくても、ラップで包んでにぎれば、かわいい形に仕上げられる。おべんとう箱のサイズに合わせて形を調整するとよい。

さつまいもとインゲンの甘煮

- さつまいも……………………… 2cm
- インゲン………………………… 2本
- A
  - 砂糖……………………… 大さじ1
  - しょうゆ……………… 小さじ½
  - 塩…………………………… 少々
  - 水…………………… 大さじ2～3

2 さつまいもは厚さ1cmのいちょう切りにし、水にさっとさらして水気を切る。インゲンは長さを3等分に切る。

小さめの耐熱容器（調味料がひたひたになる程度の大きさ）にさつまいも、インゲン、Aを入れてふんわりとラップをし、電子レンジで約2分、さつまいもがやわらかくなるまで加熱する。煮汁につけたまま冷ます。

ミートボール

作りやすい分量・5～6個分

- A
  - 豚ひき肉……………… 50g
  - パン粉………………… 小さじ2
  - 卵……………………… 小さじ2
  - 片栗粉………………… 小さじ½
  - しょうゆ、酒
    ………………… 各小さじ¼
  - 塩、こしょう、おろししょうが……… 各少々
- 揚げ油…………………………… 適量

● 甘酢あん
- 水………………………… 大さじ1
- 片栗粉………………… 小さじ⅓
- 酢………………………… 小さじ1
- 砂糖、しょうゆ
  ………………… 各小さじ1強
- トマトケチャップ……… 小さじ½
- 中華顆粒だし………………… 少々

3 Aをボウルに合わせてよく練り、ひと口大に丸める。170℃（中温）に熱した油で2～3分揚げる（沸騰した湯で4～5分ゆでてもよい）。

甘酢あんの材料を上から順に混ぜ、フライパンに入れて中火で加熱してとろみをつける。ミートボールを加えて煮絡める。

すきまおかず

いちご（ヘタを取る）……………………… 適量

まとめて作れば、さらにラクラク！

ミートボールはまとめて作り、味つけ前の状態で冷まし、密閉保存袋に入れて冷凍すると、味のアレンジがきいて便利。

年少さん 向け

ミックスサンドべんとう

9日 Tues.

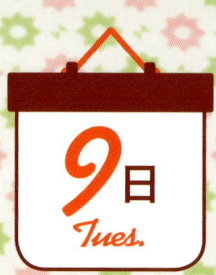

手で食べられるサンドイッチは、
食べるほうも、作るほうもうれしいメニュー。
パンは型で抜くひと手間で、ぐっと楽しい雰囲気になります。

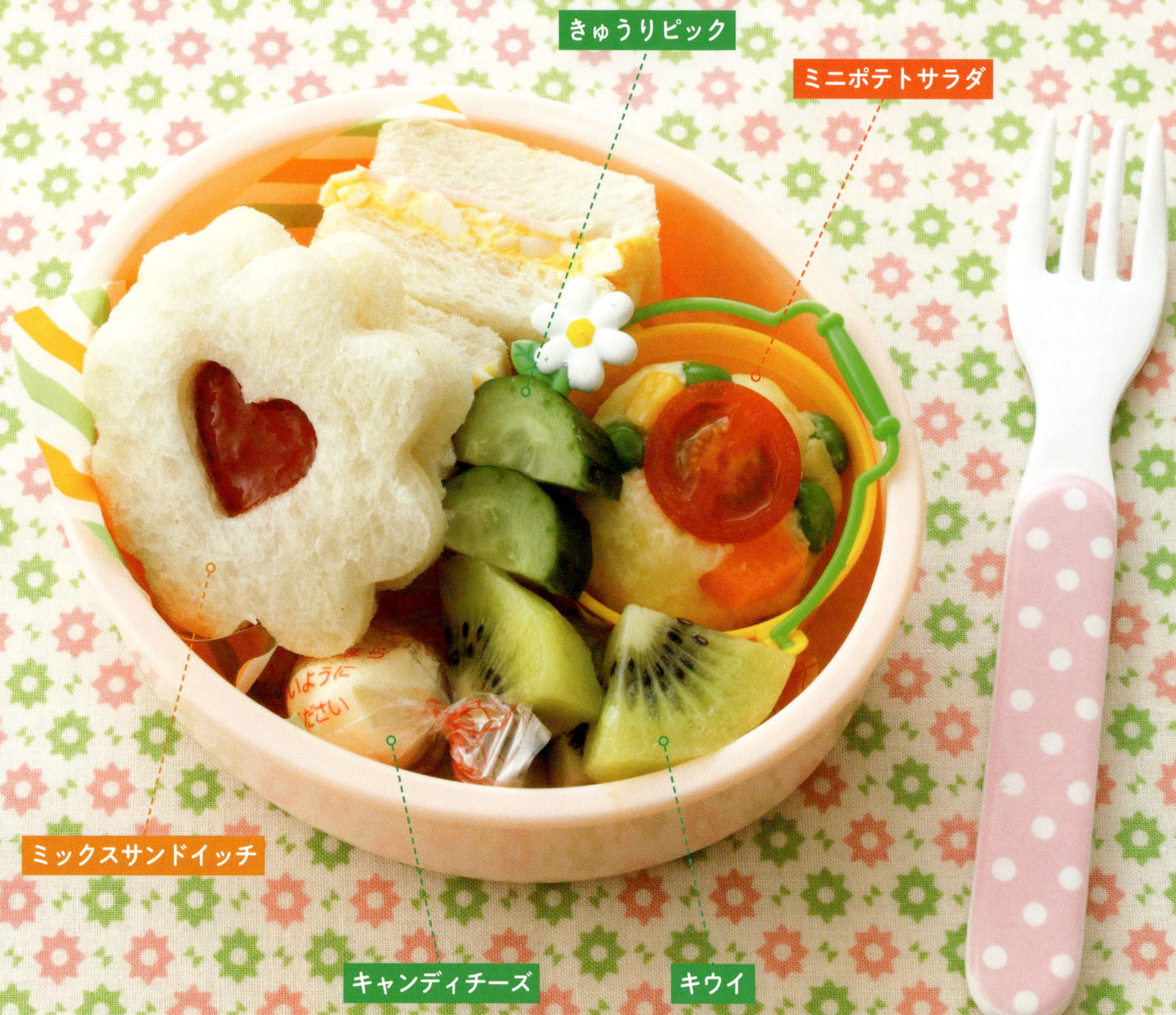

きゅうりピック
ミニポテトサラダ
ミックスサンドイッチ
キャンディチーズ
キウイ

実寸サイズ

| START | 5分 | 10分 | 15分 | 20分 |

1. 卵をゆでる（＊ゆで卵は前日に作っておくと効率アップ）
2. ミニポテトサラダを作る
3. サンドイッチを作る
詰める

Part 1　1カ月のアイデアおべんとう

年少さん向け

ミックスサンドイッチ

サンドイッチ用食パン	2枚
バター	適量
卵	1個（ゆでてから1/2個分だけ使用）
ロースハム	1/2枚
マヨネーズ	大さじ1/2
塩、こしょう	各少々
いちごジャム	適量

1 卵と水を鍋に入れて強火にかけ、沸騰したら弱火にして12〜13分ゆで、水に取る。

3 卵サンドを作る。パン1枚を半分に切り、片面にバターをぬる。ゆで卵の皮をむいて1/2個をフォークでつぶし、マヨネーズ、塩、こしょうで味を調える。パンに卵、ハムをはさんでラップでしっかりと包み、（できれば）冷蔵庫で冷やしてから切り分ける。

ジャムサンドを作る。残り1枚のパンを好みの型で2カ所抜く。抜いたうちの1つは片面にジャムをぬる。残りの1つはさらに小さな型で抜く。重ねてラップで包み、（できれば）冷蔵庫で冷やす。

ミニポテトサラダ

作りやすい分量

じゃがいも	小1個
ミックスベジタブル（冷凍）	大さじ1/2
＊凍ったまま使う	
塩、こしょう	各少々
マヨネーズ	大さじ1
ミニトマト	1〜2個

2 じゃがいもは洗って水がついたままふんわりラップで包み、電子レンジで約4分、途中で上下を一度返してやわらかくなるまで加熱する。ミックスベジタブルもラップで包んで10秒程度電子レンジで加熱し、解凍する。

じゃがいもが温かいうちに皮をむいてフォークの背などでつぶし、ミックスベジタブル、マヨネーズ、塩、こしょうを加え混ぜる。

ラップにひと口サイズに包み、半分に切ったミニトマトをのせてもう一度包んで形をなじませる。残りも同様にする。

すきまおかず

キウイ（食べやすく切る）	適量
きゅうり	適量
キャンディチーズ	適量

きゅうりは厚さ1cmの半月切りにし、ピックに刺す。

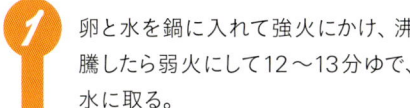

サンドイッチはクッキーの型などで抜くだけでかわいい仕上がりに。大小の型を使うと、中身がのぞいて彩りのポイントにもなる。

マーガリンを使うとすぐにぬれて便利

パンにぬるバターは冷蔵庫から出したてだとかたくてぬりにくい場合も。バターのように冷えてかたくならないマーガリンを使うとすぐにぬることができてラク。

年少さん 向け
エビフライべんとう

10日 Wed.

エビは小さいとかたくなりやすいので、
大きめのものを使って詰めるときに切ります。
卵1個を半量ずつ2品で使い、半端な余りを出さないレシピです。

- ひと口ごまおにぎり
- ひらひら卵
- おくらピック
- エビフライ

実寸サイズ

Part 1 1カ月のアイデアおべんとう 年少さん向け

START	5分	10分	15分	20分
① おにぎりを作る	② 薄焼き卵を作る	③ エビフライを作り、冷ます	④ ひらひら卵を仕上げる 詰める	

ひと口ごまおにぎり

ごはん……………子ども茶碗1杯分
黒いりごま、白いりごま………各少々
塩……………………………………少々

1 ごはんは4等分にしてラップで包み、丸くにぎってごま、塩をまぶす。

すきまおかず

おくら……………………………適量
おくらは1分ほどゆでて水にさらして水気をきる。幅2cmに切り、ピックに2本一緒に刺す。

ひらひら卵

作りやすい分量・2個分

卵………………………………………1個
＊卵の全量に調味料を混ぜ、½〜⅔量を使用。残りはエビフライに使う
酒、砂糖………………………各小さじ½
塩………………………………………少々
サラダ油………………………ごく少量

2 ボウルに卵を溶きほぐし、塩、酒、砂糖を入れてよく混ぜる。ごく薄くサラダ油を熱した卵焼きフライパンに卵液の½〜⅔量を流し入れ、薄く1枚焼く(残りの卵液はエビフライに使う)。

4 縦半分に切って、中心部分に長さ2〜3cmの切り込みを4mm間隔で入れ、半分に折って端からくるくると巻き、ピックで根元をとめる。
(詳しい作り方はP82)

エビフライ

エビ(中〜大)……………………1〜2尾
塩、こしょう、薄力粉…………各少々
A[薄力粉………………大さじ2〜3
   ひらひら卵で残しておいた卵液…適量
パン粉……………………………適量
揚げ油……………………………適量
中濃ソース(好みで)……………適量

3 エビは殻と背ワタを取り除き、剣先を手で折って筋切りをする。塩、こしょう、薄力粉をまぶす。

Aをよく混ぜてホットケーキの生地程度の状態の衣にする(分量外の水少々または薄力粉少々で濃度を調整する)。エビに衣をつけ、パン粉をしっかりとまぶして手で押さえる。

170℃(中温)に熱した油でキツネ色になるまで2〜3分、カラリと揚げて冷ます。好みで詰める直前にソースを底面につける。

エビは下処理で食べやすく

尾の先にある剣先(とがった部分)を手で折る(写真左上)。腹側に切り込みを入れて筋切りすると(写真右)、加熱しても身が反らない。

かわいいPOINT

おくらはひと口大に切ってからピックに刺すと、食べやすいうえかわいい。間にミックスベジタブルのにんじんをはさんでも。

年少さん 向け
ささみのピカタべんとう

ほうれんそうなどの葉物野菜は、
卵で巻けば見た目にも楽しい一品に。
おにぎりは型がなければラップで包んで成形すればOKです。

11日 Thurs.

- ささみのピカタ
- ほうれんそうの卵巻き
- キャンディチーズ
- パンダおにぎり

実寸サイズ

| START | 5分 | 10分 | 15分 | 20分 |

- ① おにぎりを成形する
- ② ほうれんそうをゆでて切る
- ③ 薄焼き卵を焼く
- ④ ささみのピカタを作る
- ⑤ (ピカタを焼く間に)ほうれん草を卵で巻く
- ⑥ おにぎりにのりを貼る / 詰める

Part 1　1カ月のアイデアおべんとう　年少さん向け

パンダおにぎり

ごはん……………子ども茶碗1杯分
塩……………………………………少々
のり…………………………………適量

1 ごはんは2等分にしてパンダのおにぎり型に入れるか、ラップで包んでパンダの形を作り、塩をまぶす。

6 のりパンチで抜いた（またはハサミで切った）のりで目鼻をつける。

パンダのおにぎり型セット

すきまおかず

キャンディチーズ………………適量

ほうれんそうの卵巻き

作りやすい分量・5〜6個分

ほうれんそう……………………1/4把
卵……………………………………1個
＊卵の全量に調味料を混ぜ、2/3量を使用。残りはピカタに使う

A[塩、砂糖、酒………………各少々
サラダ油………………………ごく少量
かつおぶし、コーン(缶詰)………各少々

2 ほうれんそうはさっとゆでて水にさらし、水気をよく絞って卵焼きフライパンの幅に合わせて切り、直径2cmの筒型にまとめる。

3 ボウルに卵を割りほぐし、Aを加えて混ぜ合わせる。卵焼きフライパンにサラダ油を熱して2/3量を流し入れ、薄く1枚焼く（残りの卵液はささみのピカタに使う）。

5 卵の手前にほうれんそう、かつおぶしをのせ、端からきっちりと巻く。巻き終わりを下にして食べやすく切り、ピックで刺してコーンを飾る。

ささみのピカタ

作りやすい分量

鶏ささみ肉………………………1本
塩、こしょう、薄力粉………各少々
ほうれん草の卵巻きで
　残しておいた卵液……………適量
オリーブオイル………………小さじ1
ミニトマト………………………2個
A[トマトケチャップ、酒……各大さじ1

4 ミニトマトは半分に切る。

ささみはひと口サイズのそぎ切りにし、塩、こしょう、薄力粉、卵を順にまぶす。

フライパンにオリーブオイルを中火で熱し、ささみを並べ、余った卵液を上からかけて両面に軽く焦げ目がつくまで焼く。弱火にしてミニトマトも入れ、フタをして約3分加熱し、中まで火を通す。Aを加えてさっと煮絡める。

卵1個を使い分け、残さず使い切る

余りがちな卵は卵焼きなどで下味をつけた状態のまま、別の一品に使い回せる。ピカタに使えば、ささみの下味が不要に。余った卵はフライの衣やハンバーグのタネなどにも活用できる。

煮豆ピック

実寸サイズ

チキンナゲット

鮭フレークおにぎり

ゆで野菜

ミニトマト

年少さん 向け

チキンナゲットべんとう

12日
Fri.

ひき肉で作るナゲットは、
肉が苦手な子でも食べやすいおかず。
枝豆はおにぎりのアクセントとしても大活躍です。

| START | 5分 | 10分 | 15分 | 20分 |

- ① おにぎりを作る
- ② チキンナゲットを作る
- ③ 野菜をゆでる
- 詰める

Part 1　1カ月のアイデアおべんとう　年少さん向け

鮭フレークおにぎり

ごはん	子ども茶碗1杯分
鮭フレーク(市販品)	小さじ2
枝豆(冷凍)	6粒

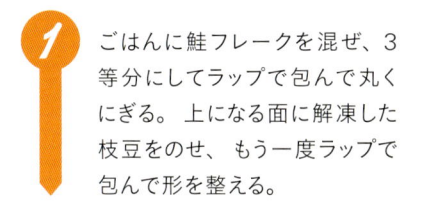

1 ごはんに鮭フレークを混ぜ、3等分にしてラップで包んで丸くにぎる。上になる面に解凍した枝豆をのせ、もう一度ラップで包んで形を整える。

チキンナゲット

A
- 鶏ひき肉(もも) … 50g
- パン粉(ドライ) … 大さじ2
- 牛乳 … 大さじ½
- 塩、こしょう … 各少々

B
- 片栗粉 … 大さじ1
- 塩 … 少々

- 揚げ油 … 適量
- トマトケチャップ(好みで) … 適量

2 Aをよく練り合わせ、3等分にして小判形にまとめる(手に少量水をつけるときれいにまとまる)。

合わせたBをまぶし、170℃(中温)に熱した油でキツネ色になり、中に火が通るまで約3分揚げる。詰める直前に好みで底面にケチャップをつける。

ゆで野菜

- スナップエンドウ … 2本
- とうもろこし … 適量

3 スナップエンドウは筋を取り除き、1〜2分ゆでてザルに上げ、冷めたら半分に切る。同じ湯でとうもろこしもゆでる。

すきまおかず

- ミニトマト(ヘタを取る) … 適量
- 煮豆(市販品) … 適量

ミニトマトは半分に切る。

かわいいPOINT 
おにぎりは鮭フレークで彩りアップ。さらに枝豆が色合いのアクセントになる。具が崩れそうな場合は、ラップで包んだまま詰めてもよい。

ナゲットはまとめて作るといろいろ使えて便利
チキンナゲットはまとめて作って冷凍しておくと、すぐに使えて便利。夕飯のおかずなどにも役立つ。

年少さん 向け
白身魚の青のり フリッターべんとう

淡泊な白身魚に青のりとマヨネーズを合わせて風味とコクをプラス。フリッターと同じ「揚げる」調理で、大学芋も同時に完成します!

15日 Mon.

スティック大学芋

塩もみきゅうりとミニトマトピック

りんごおにぎり

白身魚の青のりフリッター

実寸サイズ

| START | 5分 | 10分 | 15分 | 20分 |

- ① おにぎりを作る
- ② 白身魚を揚げる
- ③ (白身魚と一緒に) さつまいもを揚げ、スティック大学芋を作る
- ④ 塩もみきゅうりとミニトマトのピックを作る 詰める

Part 1 1カ月のアイデアおべんとう　年少さん向け

りんごおにぎり

ごはん……………………子ども茶碗1杯分
ふりかけ（緑系、ピンク系）…………各適量
昆布のつくだ煮（またはのり）…………少々

1 ごはんは2等分にし、それぞれに1種類ずつふりかけを混ぜる。

ラップで包んでりんごの形ににぎり、小さく切った昆布を種に見立てて飾る。あれば葉っぱのピックを刺す。

白身魚の青のりフリッター

白身魚（タラ、タイなど）……½切れ（約40g）
塩、こしょう……………………各少々
薄力粉……………………………適量
A [薄力粉……………………大さじ2
　　マヨネーズ………………小さじ1
　　水……………………大さじ1½
　　青のり……………………小さじ½]
揚げ油……………………………適量
しょうゆ、またはトマトケチャップ（好みで）…少々

2 白身魚は皮と骨を取り除いて食べやすい大きさに切り、塩、こしょう、薄力粉をまぶす。

Aをよく混ぜてホットケーキの生地程度の状態の衣にする（分量外の水少々または薄力粉少々で濃度を調整する）。魚に衣をつける。170℃（中温）に熱した油で約2分揚げる。詰める直前に好みでしょうゆやケチャップを底面につける。

スティック大学芋

さつまいも（1cm角×長さ4cm）…………3本
揚げ油……………………………適量
A [砂糖、水……………………各小さじ1
　　しょうゆ…………………小さじ¼]
黒いりごま………………………少々

3 さつまいもは、さっと水にさらして水気を拭き、白身魚の青のりフリッターと一緒に揚げる。

小鍋にAを煮立て、さつまいもを加えて煮絡め、ごまを加えて火を止める。

塩もみきゅうりとミニトマトピック

きゅうり……………………………1cm
ミニトマト…………………………1個
塩………………………………ごく少量

4 きゅうりは食べやすい大きさに切り、塩をまぶして軽くもみ、味をなじませる。ミニトマトと一緒にピックに刺す。

かわいいPOINT

おにぎりはふりかけを2色使うと楽しい雰囲気に。りんごの種の部分にのりを使う場合は、竹串に水を少しつけてからのせるとスムーズ。

年少さん 向け

グラタン＆ミニパンべんとう

手間がかかりそうなグラタンも、市販のソースでラクラク。
具材の一部を取り分けて飾りに使えば、とってもにぎやかです。

16日 Tues.

- お花みかん
- ミニクロワッサン
- 野菜とハムのグラタン

実寸サイズ

START	5分	10分	15分	20分

① 野菜を切ってゆでる　② グラタンを作る　③ パンとみかんを用意する／詰める

Part 1　1カ月のアイデアおべんとう　年少さん向け

野菜とハムのグラタン

かぼちゃ(4cm大×厚さ2cm)……1切れ	グラタンソース(市販品)……¼カップ
にんじん……2cm	牛乳……大さじ1
ブロッコリー……2房	塩……少々
ロースハム……1枚	ピザ用チーズ……大さじ1

1 かぼちゃは2cm大、厚さ1cm程度に小さく切る。にんじんは薄い輪切りにしてゆで、飾り用にいくつか型で抜き、残りはいちょう切りにする。ブロッコリーはさらに小さい房に分ける。かぼちゃとにんじんは水からゆで始め、沸騰したらブロッコリーを入れてやわらかくなるまでゆでる(ブロッコリーは約2〜3分で引き上げる)。かぼちゃは飾り用に1〜2枚取り分ける。ハムは飾り用に数枚を型で抜き、残りは1cm角程度に刻む。

2 飾り用の具材とブロッコリーを残し、それ以外をグラタンソースと牛乳で和え、塩で味を調える。

アルミホイルを2重にしておべんとう箱の形に合わせてカップ状に成形し(アルミカップを使ってもOK)、グラタン液を入れ、チーズをちらす。オーブントースターで3〜4分、軽く焦げ目がつくまで焼く。残しておいた野菜やハムを飾る。

ミニクロワッサン

ミニクロワッサン(半分に切る)……1個分

お花みかん

みかん……1個(½個使用する)

3 みかんの真ん中あたりに、包丁をV字に差し込みながらぐるりと一周し、上下を離してお花の形にする。
(詳しい作り方はP83)

かわいいPOINT

グラタンは色味がさみしくなりがち。中の具の一部を残しておき、型で抜いてトッピングするとかんたんにかわいくなる。

複数の材料を同じ湯でゆでで、時間を短縮

野菜はひとつひとつゆでていると時間がかかるため、かたい順に同じ湯でゆでる。時間短縮になって洗い物も少なくなる。

実寸サイズ

いちご

ちくわきゅうり

黒豆ピック

手まり寿司おにぎり

年少さん 向け

手まり寿司おにぎりべんとう

17日 Wed.

市販のちらし寿司の素を使えば、手まり寿司もラクチン！
いつものおにぎりよりもちょっと特別な、楽しいおべんとうです。

START	5分	10分	15分	20分
❶ 薄焼き卵を作る	❷ 手まり寿司おにぎりを作る		❸ ちくわきゅうりを作る	詰める

Part 1 1カ月のアイデアおべんとう 年少さん向け

手まり寿司おにぎり

薄焼き卵は作りやすい分量

温かいごはん
　……子ども茶碗1杯分
ちらし寿司の素(市販品)
　…………… 1/3〜1/2人分
卵(Lサイズ)…………… 1/2個

A [砂糖、酒 ………… 各小さじ1/4
　　塩 ………………… 少々]
サラダ油 ………… ごく少々
カニ風味かまぼこ … 適量

1 ボウルに卵を割りほぐしてAを混ぜる。サラダ油を熱した卵焼きフライパンに流し入れ、薄く焼く。

2 温かいごはんにちらし寿司の素を混ぜ、2等分にしてラップで包んで丸くにぎる。

薄焼き卵をごはんの大きさに合わせて切り、巻きつける(薄焼き卵は全量は使わない)。上にカニ風味かまぼこの赤い部分をのせる。もう一度ラップで包んで形を整える。

ちくわきゅうり

ちくわ …………………… 1/2本
きゅうり(縦6等分×ちくわの長さ)
　………………………… 1本

3 きゅうりをちくわの穴に刺し込み、長さを3等分に切る。

すきまおかず

黒豆(市販品) ………… 適量
いちご(ヘタを取る) …… 適量
黒豆はピックに刺す。

薄焼き卵は油を少なめにひいて

薄焼き卵を焼くときは、フライパンにひく油を薄く少なめにすることがきれいに焼き上げるコツ。たっぷり入れすぎると卵が動いて均一の厚さにしにくい。

かわいいPOINT

ちくわの中にきゅうりを刺し込むだけで、彩りにも形のアクセントにもなるちくわきゅうりに。きゅうりの代わりにゆでたにんじんでも。

エビマヨべんとう

エビのワタを除いて水気をしっかり拭くと、臭みが出にくくなります。

START	5分	10分	15分	20分

- おにぎりを作る
- かぼちゃとアスパラを切る
- かぼちゃのごま和えを作る
- (かぼちゃをゆでる間に)エビマヨを作る
- 詰める

いちご
かぼちゃのごま和え
ハートおにぎり
エビマヨ

18日 Thurs.

ハートおにぎり

ごはん	子ども茶碗1杯分
ふりかけ(好みのもの2色)	各適量

1 ごはんは2等分してラップで包み、三角おにぎりを作るようにして手でハート形ににぎる。中心にふりかけをふり、竹串で広げて形を整える。

エビマヨ

むきエビ(中)	3〜4尾
グリーンアスパラガス	1/2本
長ねぎ(みじん切り)	小さじ1弱
塩、こしょう、片栗粉	各少々
ごま油	小さじ2/3
酒	小さじ1
A [マヨネーズ、水	各小さじ1 1/2
トマトケチャップ	小さじ1/2
しょうゆ]	数滴

1 アスパラは根元の皮をむいて、斜め薄切りにする。エビは背に切り込みを入れて背ワタを取り除き、水気をよく拭いて塩、こしょう、片栗粉をもみ込む。

2 フライパンにごま油を熱し、エビと長ねぎを炒め、酒を加える。火が通ったら、Aを加えてさっと煮絡める。

かぼちゃのごま和え

かぼちゃ(4cm角)	1切れ
白すりごま、しょうゆ	各少々

1 かぼちゃは厚さ1cm程度に切る。ゆでてざるに上げ、軽くつぶしてすりごまとしょうゆで和える。

すきまおかず

いちご(ヘタを取る)	適量

かわいいPOINT おにぎりは、ふりかけだけでなく、型で抜いたチーズやハムをのせてアレンジしても。おにぎりの裏側にのりを貼ると手で持ちやすい。

焼きたらこおにぎり

ごはん	子ども茶碗1杯分
たらこ	小¼腹
のり	適量

1 たらこはアルミホイルにのせ、オーブントースターで色が変わるまで両面を焼く。

2 薄皮を取り除いて粗くほぐし、ごはんに混ぜる。ラップを広げ、おにぎりの上になる部分にたらこが多めに見えるように2等分し、包んで丸くにぎる。

3 温かいうちにのりで包み、粗熱が取れたら上面に十字に切り込みを入れる。

ウインナーとミックスベジタブルのオムレツ

作りやすい分量

卵	1個
ウインナーソーセージ（ミニ）	1本
ミックスベジタブル（冷凍）	大さじ½

＊凍ったまま使う

A	牛乳	小さじ1
	塩、こしょう	各少々
サラダ油		小さじ½
トマトケチャップ（好みで）		適量

1 ウインナーは厚さ5mmの輪切りにし、ボウルで卵、ミックスベジタブル、Aと一緒に混ぜ合わせる。

2 フライパンにサラダ油を中火で熱し、卵液を一気に加えて大きく混ぜ、形を整える。弱火にして中まで火を通す。食べやすく切り、詰める直前に好みでケチャップを底面につける。

すきまおかず

りんご（食べやすく切る）	適量
ブロッコリー（小房に分ける）	適量
ミニトマト（ヘタを取る）	適量

ブロッコリーは沸騰した湯で2〜3分ゆでる。ミニトマトは半分に切る。りんごは塩水（分量外）にくぐらせて色止めする。

かわいいPOINT

おにぎりは、たらこを上にしてにぎり、切り込みを入れると彩りアップ。冷めるとのりがくっつきにくいので、ごはんが少し温かいうちに包む。

19日 Fri.

- ウインナーとミックスベジタブルのオムレツ
- 焼きたらこおにぎり
- ブロッコリー＆ミニトマト
- りんご

Part 1 1カ月のアイデアおべんとう

年少さん向け

焼きたらこのおにぎりべんとう

たらこのピンク色がかわいらしいおべんとう。メインが卵おかずのときは、具を入れてボリュームをアップします。

START	5分	10分	15分	20分
たらこを焼く		おにぎりを作る	詰める	
オムレツを作る				

細巻きと鶏の照り焼きべんとう

照り焼きとキャベツをようじやピックに刺すことで、食べやすさとかわいさがアップ。

START	5分	10分	15分	20分
細巻きを巻く	鶏の照り焼きを作る		細巻きを切る	詰める
		(鶏を焼く間に)キャベツとハムのくるくるピックを作る		

22日 Mon.

- 鶏の照り焼き
- ミニトマト
- たくあん入り細巻き
- キャベツとハムのくるくるピック

たくあん入り細巻き

- ごはん……………子ども茶碗多め1杯分
- のり……………………1/2枚（全型の1/2）
- たくあん（8mm角×20cm）……………1本

1 ラップの上にのりを横長に置き、手前と奥を1～2cmを残してごはんを敷き詰める。手前から2cm程度の場所にたくあんを置き、手前からくるくると巻く。巻き終わりを下にしてラップで包んで形を整え、ラップを外して冷ます。5～6等分に切り分ける。

鶏の照り焼き

- 鶏もも肉……………………………50g
- 薄力粉………………………………適量
- サラダ油………………………小さじ1/2
- A ［しょうゆ、みりん……………各小さじ1
-   　砂糖……………………………小さじ1/2］

1 鶏肉はひと口大に切る。つまようじに2～3個ずつ刺し、薄力粉をまぶす。

2 フライパンにサラダ油を熱して**1**の両面をカリッと焼き、フタをして弱火で火を通す。余分な脂をペーパータオルで拭き取り、Aを加えて煮絡める。

キャベツとハムのくるくるピック

- キャベツ（やわらかい部分12cm×10cm）……1枚
- ロースハム（薄切り）………………………1枚

1 キャベツはさっとゆでて冷水に取り、水気を拭く。キャベツの上にハムをのせ、手前からくるくると巻き、切り分けてピックでとめる。

すきまおかず

- ミニトマト（ヘタを取る）……………………適量

かわいいPOINT のり巻き用のごはん型を使うと、ごはんが均一の太さにまとめられて簡単。ごはんにふりかけを混ぜても。

ロールパンサンド

ロールパン	1個
好みのジャム、バター	各適量

1 ロールパンは縦半分に切り込みを入れ、ジャムとバターをぬる。

メカジキのピザ風トースター焼き

メカジキ	½切れ
塩、こしょう	各少々
ウインナーソーセージ（ミニ）	1個
ピーマン（1cm×1cm）	1切れ
トマトケチャップ	小さじ1
ピザ用チーズ	小さじ1～2

1 メカジキは1.5cm角に切り、塩、こしょうをする。ウインナーは厚さ5mmの小口切り、ピーマンは3mm角に切る。

2 アルミホイルを広げてサラダ油少々（分量外）を薄くぬり、メカジキ、ケチャップ、チーズ、ウインナー、ピーマンの順にのせる。オーブントースターで4～6分、メカジキに火が通るまで焼く。

温野菜サラダ

にんじん	1cm
ブロッコリー	小1～2房
スライスチーズ	⅙枚
ドレッシング（市販品）	小さじ½～1

＊濃度の濃いドレッシングを使うと水気が出にくい

1 にんじんは厚さを半分に切って型で抜き、ゆでる。同じ湯でブロッコリーを2～3分ゆでる。チーズは1cm角に切る。すべての材料をドレッシングで和える。

すきまおかず

メロン（食べやすく切る）	適量

Part 1 1カ月のアイデアおべんとう　年少さん向け

23日 Tues.

- ロールパンサンド
- 温野菜サラダ
- メロン
- メカジキのピザ風トースター焼き

メカジキのピザ風トースター焼きべんとう

メカジキはやわらかく火が通りやすいので、おべんとうにうってつけの魚です。

START	5分	10分	15分	20分
メカジキのピザ風トースター焼きを作る		ロールパンサンドを作る	詰める	
（メカジキを焼く間に）温野菜サラダを作る				

カレーつくねべんとう

カレーの風味が食欲をそそるつくねは、
薄く作って焼くので、すぐに火が通ります。

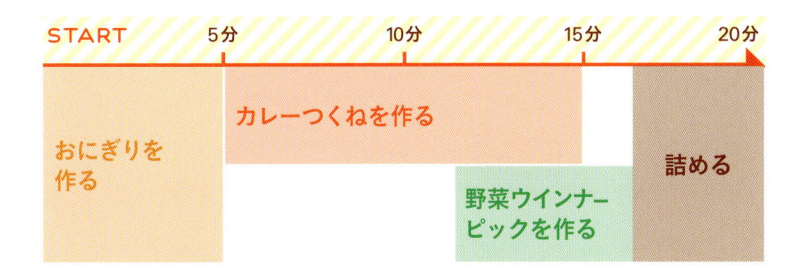

START 5分 10分 15分 20分
- おにぎりを作る
- カレーつくねを作る
- 野菜ウインナーピックを作る
- 詰める

カレーつくね
サッカーボールおにぎり
野菜ウインナーピック
いちご

24日 Wed.

サッカーボールおにぎり

ごはん……………………子ども茶碗1杯分
サッカーボールのり（市販品）……………1枚
＊ない場合は、小さい四角に切ったのりを適量準備する
塩……………………………………………少々

1 ごはんは2等分にしてラップで包み、丸くにぎって塩を軽くまぶす。のりをサッカーボールのように貼る。

カレーつくね

A ┌ 鶏ひき肉（もも）……………………50g
  │ パン粉………………………………大さじ½
  │ 塩……………………………………少々
  │ みりん……………………………小さじ½
  └ カレー粉…………………………小さじ⅙
サラダ油、しょうゆ……………………各少々

1 Aを混ぜ合わせてよく練り、2〜3等分にする。あれば太めの串などに貼りつけてまとめる。

2 フライパンにサラダ油を熱し、中火で両面に焼き色をつけ、フタをして弱火で3〜4分焼き、火を通す。しょうゆを加えて絡める。

野菜ウインナーピック

グリーンアスパラガス……………………½本
にんじん（厚さ5mmの輪切り）……………2枚
ウインナーソーセージ（ミニ）……………1〜2本

1 アスパラは根元の皮をピーラーでむいて長さ3cmに切る。ウインナーに切り込みを入れてカニの形にする。
（詳しい作り方はP82）

2 にんじんは水からゆで始め、沸騰したらアスパラとウインナーを入れて1〜2分で取り出し、にんじんはやわらかくなるまでゆでる。ウインナーとアスパラをピックに刺す。

すきまおかず

いちご（ヘタを取る）………………………適量

かわいいPOINT
サッカーボールのりはスーパーなどで市販されている。ごはんがやや温かいうちに貼って。

刻み梅おにぎり

ごはん	子ども茶碗1杯分
小梅	2個
のり	適量

1 小梅は包丁で押して種を取り除き、細かく刻む。ごはんに混ぜ、2等分にしてラップで包んで俵形ににぎる。のりを細く切って巻く。

鶏もも肉のケチャップソテー

鶏もも肉	2〜3切れ(約50g)
塩、こしょう、薄力粉	各少々
オリーブオイル	小さじ1
A [トマトケチャップ	大さじ1
酒	大さじ1

1 鶏肉は余分な脂と皮を取り除き、塩、こしょう、薄力粉を順につける。

2 フライパンにオリーブオイルを熱し、強火で両面をカリッと焼く。フタをして弱火で4〜5分焼き、火を通す。余分な脂をペーパータオルで拭き取り、Aを加えて煮絡める。

ほうれんそうと スクランブルエッグの茶巾

作りやすい分量

卵	1個
塩、こしょう	各少々
牛乳	小さじ1
ほうれんそう	小1株(30g)
サラダ油	小さじ½

1 ほうれんそうは沸騰した湯で10秒ほどゆでて水にさらし、水気を絞って幅1cmに切る。

2 卵に塩、こしょう、牛乳、ほうれんそうを加えて混ぜる。

3 フライパンにサラダ油を熱して卵液を一気に入れ、中火でふんわりと炒め合わせる。火が通ったら温かいうちにラップに包んで茶巾にし、そのまま冷ます。

すきまおかず

メロン(食べやすく切る)	適量

Part 1　1カ月のアイデアおべんとう　年少さん向け

ほうれんそうとスクランブルエッグの茶巾
メロン
鶏もも肉のケチャップソテー
刻み梅おにぎり

25日 Thurs.

鶏もも肉の ケチャップ炒めべんとう

卵を焼いたフライパンを使い回し、鶏肉を焼きます。
汚れの少ないものから作っていけば、後片付けもカンタン！

START	5分	10分	15分	20分
スクランブルエッグを作る	(フライパンをきれいにして)鶏もも肉のケチャップソテーを作る		詰める	
	(鶏肉を焼く間に)おにぎりを作る			

ブリの照り焼き
べんとう

おにぎりとピックのひと工夫で、
海の中にいるみたいな楽しいおべんとうが完成。

START	5分	10分	15分	20分

スパゲティ、ブロッコリー、ウインナーをゆで、仕上げる

おにぎりをにぎる

ブリの照り焼きを作る

おにぎりにのりを貼る
詰める

- パイナップル
- ミニスパゲティ
- 26日 Fri.
- ブリの照り焼き
- お魚おにぎり

お魚おにぎり

ごはん	子ども茶碗1杯分
塩	少々
のり	適量

1 ごはんをラップで包んで魚型ににぎり、塩をまぶす。のりをハサミで切って貼る(のりパンチでパーツを作ってもよい)。

ブリの照り焼き

ブリ	½切れ
薄力粉	適量
サラダ油	小さじ½
A [しょうゆ、みりん	各小さじ⅔
砂糖	小さじ⅓

1 ブリは皮を取り除き、食べやすい大きさに切って薄力粉をまぶす。

2 フライパンにサラダ油を熱し、ブリの両面を強火で焼く。フタをして弱火で約3～4分焼き、火を通す。余分な脂をペーパータオルで拭き取り、Aを加えて煮絡める。

ミニスパゲティ

サラダ用スパゲティ	10g
ミックスベジタブル(冷凍)	小さじ1
*凍ったまま使う	
ウインナーソーセージ(ミニ)	1本
ブロッコリー	小1房
オリーブオイル	少々
A [トマトケチャップ	小さじ1～2
塩、こしょう、顆粒コンソメ	各少々

1 スパゲティは表示時間通りゆで(湯は捨てない)、ざるに上げてオリーブオイルをまぶす。

2 ウインナーは長さを半分に切り、それぞれの断面を6等分するように切り込みを入れて花型にする。スパゲティをゆでた湯にウインナーとブロッコリーを入れ、ウインナーは花が開いたら、ブロッコリーは沸騰して2～3分したら取り出す。ミックスベジタブルもさっとゆでる。

3 鍋の湯を捨て、スパゲティ、ミックスベジタブルとAを入れて10秒ほど炒める。ひと口分をくるくると巻き、カップなどに入れる。

すきまおかず

パイナップル(生、食べやすく切る)	適量

混ぜ込みおにぎり

ごはん	子ども茶碗1杯分
混ぜ込みおにぎりの素（青菜）	適量
のり	適量
スライスチーズ	適量

1 ごはんに混ぜ込みおにぎりの素を混ぜ、2等分にしてラップで包んで俵型ににぎる。冷めてから細く切ったのりを巻き、型で抜いたスライスチーズを貼る。

牛肉のにんじん巻き

牛薄切り肉（しゃぶしゃぶ用）	1枚
薄力粉	適量
にんじん（8mm角×長さ6cm）	2〜3本
焼き肉のタレ（市販品）	小さじ2
サラダ油	小さじ½

1 にんじんはかためにゆでる（ブロッコリーのお花のブロッコリーも一緒にゆでる）。

2 牛肉の内側に薄く薄力粉をまぶし、にんじんをのせて端からくるくると巻く。巻き終わりをしっかりと手で押さえ、全体に薄力粉少々をふる。

3 フライパンにサラダ油を熱し、巻き終わりを下にして入れ、全体を焼く。フタをして弱火で火を通し、焼き肉のタレを入れて煮絡める。粗熱が取れたら切り分け、ピックに刺す。

ブロッコリーのお花

ブロッコリー	小2房
ロースハム	適量
マヨネーズ	少々

1 ブロッコリーは、にんじんの牛肉巻きのにんじんをゆでている鍋が沸騰したら入れて一緒にゆで、ざるに上げる。

2 型で抜いたハムをマヨネーズで貼る。

うずらひよこ

うずら卵（水煮）	1個
黒いりごま	少々

1 うずらに切り込みを入れて、ピックでとめて、ごまで目をつける。
（詳しい作り方はP83）

Part 1 1カ月のアイデアおべんとう　年少さん向け

29日 Mon.

- ブロッコリーのお花
- うずらひよこ
- 混ぜ込みおにぎり
- 牛肉のにんじん巻き

牛肉のにんじん巻きべんとう

断面がカラフルな肉巻きは、しゃぶしゃぶ肉を使うとやわらかく仕上がります。インゲンやじゃがいも使ってもOK。

START — 5分 — 10分 — 15分 — 20分

| おにぎりを作る | にんじん、ブロッコリーを同じ湯で時間差でゆでる | 牛肉のにんじん巻きを作る | ブロッコリーのお花、うずらひよこを作る | 詰める |

レンジシュウマイ べんとう

レンジで2品完成するラクチンべんとう。
加熱しすぎるとかたくなるので注意しましょう。

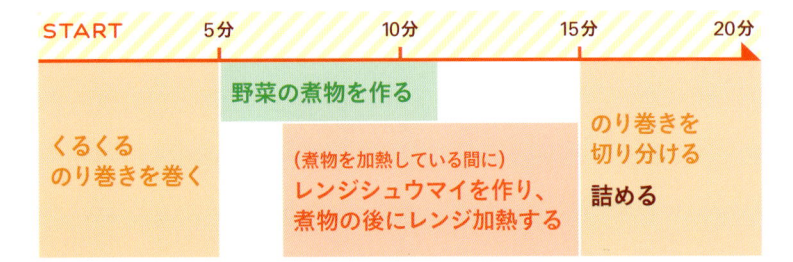

START	5分	10分	15分	20分
くるくる のり巻きを巻く	野菜の煮物を作る		のり巻きを 切り分ける	
		(煮物を加熱している間に) レンジシュウマイを作り、煮物の後にレンジ加熱する	詰める	

- レンジシュウマイ
- さくらんぼ
- 野菜の煮物
- くるくるのり巻き

30日 Tues.

くるくるのり巻き

ごはん	子ども茶碗1杯分
のり	½枚(全型の½)
黒いりごま	適量
塩	少々

1 ラップの上にのりを縦長に置き、手前と奥2cmを残してごはんを敷き詰める。ごま、塩をふる。手前からくるくると巻き、巻き終わりを下にしてラップで包んで形を整え、ラップを外して冷ます。

2 巻き終わりを下にして、3〜4等分に切る(包丁の先を軽く濡らすときれいに切れる)。

レンジシュウマイ

作りやすい分量

A	豚ひき肉	50g
	玉ねぎ(みじん切り)	大さじ1
	塩、こしょう、おろししょうが	各少々
	しょうゆ、酒	各小さじ½

ミックスベジタブル(冷凍)	小さじ2

*凍ったまま使う

片栗粉	少々
シュウマイの皮	5〜6枚
しょうゆ(好みで)	少々

1 Aをボウルでよく練ってひと口大に丸める。シュウマイの皮に包み、上面に片栗粉をふってミックスベジタブルを埋め込む。

2 ふんわりとラップをして、電子レンジで1分40秒〜2分加熱する(加熱しすぎるとかたくなるので、途中様子を見ながら加減する。竹串などを刺して透明な汁が出てくればOK)。詰めた後、好みでしょうゆをたらす。

野菜の煮物

かぼちゃ(4cm角)	1切れ
にんじん	1cm
インゲン	2本
A[砂糖、しょうゆ	各小さじ1〜2

1 野菜は食べやすい大きさに切り、小さな耐熱容器に入れてAとひたひた程度の水(分量外)を入れてふんわりとラップをする。電子レンジで2〜3分加熱し、そのまま冷ます。

すきまおかず

さくらんぼ(缶詰)	適量

2色おにぎりサンド

材料	
ごはん	子ども茶碗1杯分
ふりかけ(好みのもの2色)	各適量
のり	½枚(全型の½)

1 ごはんは2等分して1種類ずつふりかけを混ぜる。ラップを小さなバットなどの上に敷き、ごはんの1色を6×10cm程度に広げる。上からもラップをかぶせて手で軽く押して形を整える。ラップを外し、もう1色のごはんを重ね、同様にラップをかぶせて手で押して形を整える。のりを全体に巻き、形をなじませる。

2 ラップを外して冷まし、切り分ける。

メカジキとアスパラのベーコン巻き

材料	
メカジキ	⅓〜½切れ
グリーンアスパラガス	½本
塩、こしょう	適量
ベーコン	1〜2枚
オリーブオイル	小さじ½

1 メカジキは幅2cmに切り、塩、こしょう各少々を軽くふる。アスパラは根元の皮をむいてメカジキの長さに合わせて切り、沸騰した湯で30秒〜1分ゆでる。

2 メカジキとアスパラをそれぞれ、半分の長さに切ったベーコンで巻き、巻き終わりをつまようじでとめる。オリーブオイルを熱したフライパンで、ベーコンの巻き終わりを下にして焼き始め、両面に焼き色がついたらフタをして火を通す。塩、こしょう各少々で味を調える。

うずらとミニトマトのきゅうり巻きピック

材料	
ミニトマト	1個
うずら卵(水煮)	1個
きゅうり(ピーラーでむいたもの)	2枚
塩、マヨネーズ	各少々

1 うずら卵に塩をふる。ミニトマトとうずら、それぞれに端からきゅうりを巻いて途中でマヨネーズをのせ、巻き終わりをピックでとめる。

すきまおかず

フルーツゼリー	適量

Part 1 1カ月のアイデアおべんとう　年少さん向け

31日 Wed.

- 2色おにぎりサンド
- メカジキとアスパラのベーコン巻き
- うずらとミニトマトのきゅうり巻きピック
- フルーツゼリー

メカジキのベーコン巻きべんとう

ごはんをサンドイッチみたいなスクエア形にすることで、カラフルな変わりおにぎりに！

START	5分	10分	15分	20分
おにぎりサンドを成形する	メカジキとアスパラのベーコン巻きを作る			おにぎりサンドを切る
		(焼いている間に)うずらとミニトマトのきゅうり巻きピックを作る		詰める

COLUMN

かんたんかわいいおにぎりデコ

ベーシックな丸や三角以外にも、おにぎりはいろんな形にアレンジできます。
ひと工夫するだけで、おべんとう全体がかわいく楽しい雰囲気に。

型を使って

専用の型があると、成形がラクです。抜いたごはんにデコしたり、混ぜごはんを抜いたりしてもかわいい。

基本の手順

専用の型にごはんを詰め、フタをギュッと押しつけ、ラップを敷いたバットなどに取り出す。

● 星型を使ったデコ

星型で抜いた後、カラーふりかけをまぶして細く切ったのりと型抜きしたハムをのせる。

● うさぎ型を使ったデコ

うめふりかけを混ぜたごはんをうさぎ型で抜き、のりで顔をつける。

型を使わず

専用の型がなくても、手で整えればかわいい形に。子どもに人気のアレンジ例を紹介します。

基本の手順

ラップでごはんを軽くまとめ、手でにぎりながら指で押して好みの形に整えていく。

● 男の子・女の子

ごはんを丸くまとめ、のりで顔と髪をつけ、型抜きしたハムやかまぼこでほっぺやリボンをつける。

● トラ

カラーふりかけを混ぜたごはんをトラの形に成形し、のりで顔と耳をつける。

● くるま

ごはんをくるまの形に成形し、窓やタイヤの形に切ったのりとチーズを貼る。

● あおむし

カラーふりかけを混ぜたごはんを小さく2つ丸めてパスタでくっつけ、パスタとコーンで触覚を作り、のりで目をつける。

年中・年長さん 向け

2週間おべんとうカレンダー

年中さんになると年少さんよりもややボリュームアップ。レタスなどの葉物野菜など彩りになるものや、詰められる食材も増えてきます。フォークやはしで上手に食べられるようになったら、ごはんやチャーハン、煮物などにもチャレンジしてみてください。

🕐 **タイムテーブルレシピ**
タイムテーブルの手順に沿ってレシピ工程を紹介している、段取りが分かりやすいレシピです。

Monday	Tuesday	Wednesday	Thursday	Friday
*1*日 🕐	*2*日 🕐	*3*日	*4*日	*5*日
カレーピラフべんとう ▶P58	酢豚べんとう ▶P60	そぼろべんとう ▶P62	野菜入りハンバーグべんとう ▶P63	タコライス風ごはんべんとう ▶P64
*8*日	*9*日	*10*日	*11*日	*12*日
ロールパンのホットドッグべんとう ▶P65	鮭のせ混ぜごはんべんとう ▶P66	ねこのおいなりさんべんとう ▶P67	サワラのみそマヨべんとう ▶P68	から揚げおにぎりべんとう ▶P69

少しずつステップアップしてみよう

- おにぎりだけでなくごはんにしてみる
- フォークやはしで食べる、パラパラしたおかずも取り入れる
- 食材の種類を増やしてみる
- 味つけのバリエーションを変えてみる

量の調整テクニック

おにぎりを外に出して… → おかずのボリュームアップ！

食べる量が増えると、これまでのおべんとう箱では入りきらなくなることも。おにぎりなどの主食やフルーツを別添えにすると、おべんとう箱は変えずに量が増やせます。

年中・年長さん 向け
カレーピラフべんとう

あけた瞬間に笑顔になりそうなパンダがキュートなおべんとう。
ごはんを炒めて作る、手軽なピラフは
みんな大好きなカレー味に！

1日 Mon.

- かまぼこパンダ
- インゲンとかぼちゃのピーナッツ和え
- カレーピラフ
- パイナップルウインナー

実寸サイズ

```
START          5分           10分          15分          20分
```

	❶ ウインナーを炒める	（同じフライパンで）❷ カレーピラフを作る	❸ インゲンとかぼちゃのピーナッツ和えを作る	
すべての材料を切る			❹ パイナップルウインナー、かまぼこパンダを仕上げる 詰める	

Part 1　1カ月アイデアおべんとう　年中・年長さん向け

カレーピラフ

ごはん
　…子ども茶碗多め1杯分
豚ひき肉……………15g
＊なければベーコンやウインナーのみじん切りでもよい
玉ねぎ（みじん切り）
　……………………大さじ1
パプリカ（赤、みじん切り）
　……………………大さじ1
オリーブオイル…小さじ1
トマトケチャップ…小さじ1
A［カレー粉……小さじ1/6
　顆粒コンソメ……少々
　塩………………少々］

2 フライパンにオリーブオイルを熱し、ひき肉、玉ねぎ、パプリカを炒め、ケチャップを加えて軽く炒め合わせる。ごはん、Aも加えて炒める。

パイナップルウインナー

ウインナーソーセージ（ミニ）……………2本
パセリ………………………………………適量

1 ウインナーに格子に切り込みを入れる。
（詳しい作り方はP82）

カレーピラフを作る前のフライパンで炒め、パセリを刺してパイナップルの形にする。

インゲンとかぼちゃのピーナッツ和え

インゲン……………1本
かぼちゃ（3cm角）…1切れ
A［ピーナッツ粉…小さじ1/2
　砂糖、しょうゆ…各少々］

3 かぼちゃは3〜4等分に切って水からゆで始め、沸騰したらインゲンを入れ、インゲンは2〜3分程度で取り出し、長さを4等分に切る。かぼちゃはやわらかくなるまでゆでる。

水気を切ってAで和える。

かまぼこパンダ

かまぼこ（白）………………………………1切れ
のり…………………………………………適量

4 かまぼこは半分の厚さに切れ目を入れ、パンダの目になる部分2カ所を型で抜く。

かまぼこの大きさに合わせて切ったのりをはさむ。抜いた目の部分のかまぼこを耳に見立ててはさみ、耳の大きさに合わせて切ったのりを貼る。

のりパンチで抜いた（またはハサミで切った）のりで目鼻をつける。（詳しい作り方はP83）

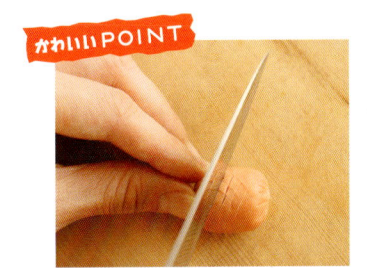

かわいいPOINT
ウインナーは格子に切り込みを入れるだけでパイナップルに変身。小さいサイズのウインナーで手軽にできます。

ケチャップで風味と色味をプラス
カレー粉は入れすぎると辛くなるため、少なめに。ケチャップで色や香りを補う。

年中・年長さん 向け
酢豚べんとう

酢豚には、冷めてもかたくなりにくい豚ひれ肉を使います。
同量の豚の薄切り肉を丸めて使ってもOKです。

2日
Tues.

酢豚

卵焼き

お花きゅうり

ミニトマト

たくあんごはん

実寸サイズ

START　　　　　　5分　　　　　　10分　　　　　　15分　　　　　　20分

| ❶ ごはんを詰める | ❷ 酢豚の材料をレンジで加熱する | ❸ 酢豚を仕上げる | 卵焼きを作る | ❹ お花きゅうりを作る | 詰める |

Part 1　1カ月アイデアおべんとう　年中・年長さん向け

たくあんごはん

ごはん……子ども茶碗1杯分
たくあん……………………適量
白いりごま…………………適量

酢豚

豚ひれ肉………………40g
塩、こしょう、片栗粉
　　　　………………各少々
玉ねぎ……………小1/8個
さつまいも………………1cm
にんじん…………………2cm
ごま油……………小さじ1

A
　しょうゆ、トマトケチャップ
　　　　………………各小さじ1
　砂糖………………大さじ1/2
　酢…………………小さじ2/3
　鶏がらスープの素…少々
　片栗粉
　　…小さじ1/2+水大さじ3

お花きゅうり

きゅうり……………………4cm
マヨネーズ、黒いりごま
　　　　……………………各少々

1 ごはんをおべんとう箱に詰め、5mm角に切ったたくあん、ごまをちらす。

2 玉ねぎは幅1cmのくし形切りに、にんじんは小さめの乱切りに、さつまいもはいちょう切りにする。水少々（分量外）をふり、ふんわりとラップに包み電子レンジで約40〜60秒、やわらかくなるまで加熱する。

3 豚肉は1.5cm角に切り、塩、こしょう、片栗粉をまぶす。
フライパンにごま油を熱して肉を炒め、8割程度火が通ったら、野菜、Aを加えて煮立て、火が通るまで煮絡める。

4 きゅうりの真ん中あたりにV字に包丁を差し込みながらぐるりと一周し、上下を離してお花の形にする。
（詳しい作り方はP83）

マヨネーズを絞り、ごまをちらす。

すきまおかず

ミニトマト（ヘタを取る）……適量
卵焼き（P21を参照して作る）
　　　　……………………適量

かわいいPOINT
たくあんは添えるだけでなく、切ってちらすと食べやすいうえ、彩りもカラフルに。

酢豚の具の種類は、少なめでOK
おべんとう用の酢豚は具の種類が多いと大変なので、肉+野菜2〜3種類で作るのがおすすめ。

61

そぼろべんとう

鶏そぼろは片栗粉を入れるとしっとり食べやすい。
まとめて作って冷凍すると、卵焼きの具などに便利。

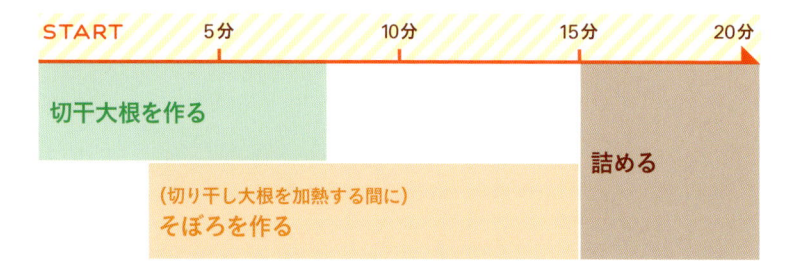

| START | 5分 | 10分 | 15分 | 20分 |

- 切干大根を作る
- （切り干し大根を加熱する間に）そぼろを作る
- 詰める

切干大根のレンジ煮 / キウイ / そぼろごはん

そぼろはお絵かきのように、盛りつけを変えてもかわいい！

3日 Wed.

そぼろごはん

| ごはん | 子ども茶碗1杯分 |
| 鶏ひき肉 | 50g |

A
- 酒 …… 大さじ1
- しょうゆ、砂糖 …… 各小さじ1強
- おろししょうが …… 少々
- 片栗粉 …… 小さじ1/3

卵 …… 1個

B
- 酒、砂糖 …… 各小さじ1/2
- しょうゆ、塩 …… 各少々

絹さや …… 2～3枚
にんじん …… 1～2cm
かまぼこ(白・厚さ5mm) …… 1枚
サラダ油 …… 少々

1 にんじんは厚さ3mmの輪切りにし、絹さやは筋を取り除く。フライパンに水とにんじんを入れて火にかけ、沸騰したら絹さやを入れて時間差でゆでる。

2 ボウルに卵を割りほぐして**B**を混ぜる。**1**のフライパンの湯を捨ててサラダ油を熱し、卵液を流し入れて炒り卵を作る。

3 **2**の汚れをペーパータオルなどで拭き、ひき肉、**A**を入れてよく混ぜ合わせてから中火にかけ、ポロポロになるまでよく炒める。

4 ごはんをおべんとう箱に詰め、具を彩りよく並べる。にんじん、かまぼこを好みの型で抜き、絹さやと一緒に飾る。

切干大根のレンジ煮

作りやすい分量・約2食分

切干大根(乾燥) …… 5g
にんじん …… 1cm
油揚げ …… 幅1cm分

A
- だし汁 …… 大さじ2・1/2
- 砂糖、みりん、しょうゆ …… 各小さじ1/2～1弱
- ごま油 …… 2滴

1 切干大根は水で5分ほど戻し、絞って食べやすく切る。にんじん、油揚げはせん切りにする。

2 耐熱容器に**1**と**A**を入れて混ぜ、ふんわりとラップをして電子レンジで約3分、具材がやわらかくなるまで加熱し、そのまま冷ます。

すきまおかず

キウイ(食べやすく切る) …… 適量

Part 1 1カ月アイデアおべんとう

年中・年長さん向け

4日 Thurs.

野菜入り ハンバーグべんとう

定番のハンバーグに野菜を埋め込むだけで、見た目のかわいさも栄養バランスもアップします。

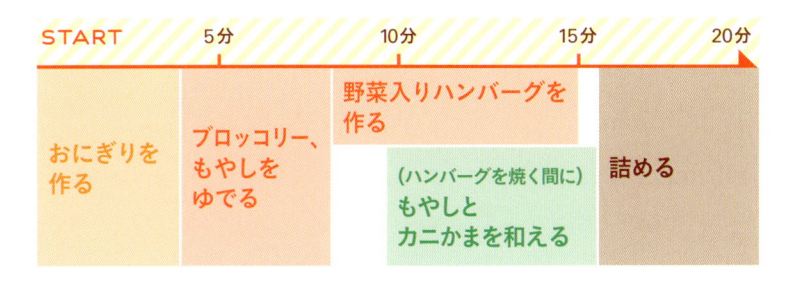

具入りおにぎり

ごはん		子ども茶椀1杯分
A	ツナ缶（オイル漬）	小さじ1
	マヨネーズ	小さじ1/3
	しょうゆ	少々
B	かつおぶし	ひとつまみ
	しょうゆ	少々
塩		少々
のり		適量

1 ごはんは2等分にしてラップで包み、それぞれにA、Bを中に入れて三角ににぎる。塩をまぶし、のりで包む。

野菜入りハンバーグ

A	あいびき肉	50g
	玉ねぎ（みじん切り）	小さじ2
	パン粉	大さじ2
	卵	1/4個
	塩、こしょう	各少々
ブロッコリー		小1～2房
薄力粉		少々
B	麺つゆ（ストレート）	大さじ1・1/2
	片栗粉	小さじ1/4
	水	小さじ1
サラダ油		小さじ1/3

1 ブロッコリーは約2分ゆで、縦半分に切る。Aをボウルで混ぜ合わせ、2～3等分にして小判形にまとめ、ブロッコリーの片面に薄力粉をつけて埋め込み、手で押さえる。

2 フライパンにサラダ油を熱し、1のブロッコリーの面から焼き色をつけ、両面焼く。フタをして弱火で5～6分焼き、火を通す。合わせたBを加えて煮絡める。

もやしとカニかまの ポン酢和え

もやし		20g
カニ風味かまぼこ		1本
A	ポン酢しょうゆ、かつおぶし	各少々

1 もやしはブロッコリーをゆでた湯でさっとゆでてざるに上げ、水気を絞る。カニ風味かまぼこはほぐし、もやしと合わせてAで和える。

すきまおかず

パイナップル（生、食べやすく切る）……適量

START - 20分

START～5分	おにぎりを作る
5分～10分	ブロッコリー、もやしをゆでる
10分～	野菜入りハンバーグを作る
（ハンバーグを焼く間に）	もやしとカニかまを和える
15分～20分	詰める

タコライス風ごはんべんとう

タコライスは子どもが好きなハンバーグ風の味に。
ひき肉は冷めると脂がかたまるので、取り除いて。

START	5分	10分	15分	20分

- ゆで卵を作る
- レンジキャベツを作る
- タコライスを作る
- ゆで卵を切る
- 詰める

タコライス風ごはん

ごはん	子ども茶碗1杯分
あいびき肉	50g
玉ねぎ（みじん切り）	大さじ1
A　トマトケチャップ	大さじ1弱
ウスターソース	小さじ2/3
塩、こしょう	各少々
スライスチーズ	適量
ミニトマト	1個
グリーンピース（冷凍）	適量
トマトケチャップ	適量

1 フライパンを熱し、油をひかずに玉ねぎとひき肉を炒める。余分な脂はペーパータオルで拭き取り、Aを加えて軽く煮詰める。

2 ごはんをおべんとう箱に詰め、1をのせて、ケチャップをかける。冷めたら半分に切ったミニトマト、解凍したグリーンピース、好みの型で抜いたチーズをのせる。

お花ゆで卵

卵	1個（ゆでてから1/2個分を使用する）
ゆかりふりかけ	適量

1 卵と水を小鍋に入れて中火〜強火にかけ、沸騰したら弱火にして約12〜13分ゆでる。水に取って冷やし、殻をむく。

2 切り込みを入れて上下をはずす。ゆかりふりかけをちらす。

（詳しい作り方はP83）

レンジキャベツ

キャベツ	1/2枚
好みのドレッシング（市販品）	小さじ1弱

1 キャベツはせん切りにしてドレッシングで和え、耐熱容器に入れてふんわりとラップをする。

2 電子レンジで20〜40秒、しんなりするまで加熱する。余分な水気を絞る。

Part 1 1カ月アイデアおべんとう

年中・年長さん向け

ロールパンホットドッグ

ロールパン	2個
ウインナーソーセージ	2本
スライスチーズ	1枚
サラダ菜	1～2枚
マヨネーズ、トマトケチャップ	各適量
塩	少々
サラダ油	少々

1 ロールパンの真ん中に切り込みを入れ、マヨネーズ、ケチャップをぬる。

2 ウインナーに格子に切り込みを入れてサラダ油を熱したフライパンで炒め、塩をふる。

3 チーズの一部を好みの型で抜く。ロールパンに、残りのチーズ、サラダ菜、*2* を挟む。抜いたチーズをパンの側面に貼る。

かぼちゃサラダ

かぼちゃ(4cm角)	1切れ
ツナ缶(オイル漬)	小さじ1
おくら	½～1本
マヨネーズ	小さじ½
塩	少々

1 かぼちゃはゆでて粗くつぶす。同じ湯でおくらもさっとゆで、厚さ5mmの小口切りにする。

2 *1*とおくらをツナ、マヨネーズ、塩で和える。

すきまおかず

オレンジ(食べやすく切る)	適量
ミニトマト(ヘタを取る)	適量

かわいいPOINT
パンはワックスペーパーやフィルムに包むと、見た目にもかわいく食べやすい。

8日 Mon.

ロールパンの ホットドッグべんとう

ロールパンは切り分ける手間がなく、おべんとう向き。
具材のチーズを型抜きして、側面にあしらうとかわいい！

START 5分 10分 15分 20分

かぼちゃサラダを作る

(かぼちゃをゆでる間に)
ロールパンホットドッグを作る

詰める

鮭のせ混ぜ
ごはんべんとう

青菜と鮭がカラフルな和のおべんとう。
ひじきの煮物はレンジで手軽に作れます。

START	5分	10分	15分	20分
ひじきを戻す	(鮭を焼く間に)ひじきのレンジ煮を仕上げる	オムレツを作る	詰める	
鮭を焼き、ごはんを詰めて仕上げる				

9日 Tues.

- ひじきのレンジ煮
- ミニトマト入りオムレツ
- 鮭のせ混ぜごはん

鮭のせ混ぜごはん

ごはん	子ども茶碗1杯分
甘塩鮭	1/3切れ
小松菜	1/2～1株
黒いりごま	少々

1 鮭はグリルで焼き、粗熱が取れたら骨と皮を取り除いて、粗くほぐす。

2 小松菜はゆでて水にさらし、水気を絞って幅5mmに切る。葉はさらに細かく切る。

3 ごはんに**2**を混ぜておべんとう箱に詰め、ごまをちらして**1**をのせる。

ひじきのレンジ煮

作りやすい分量・1～2食分

芽ひじき(乾燥)	2g
にんじん	1cm
油揚げ	幅1cm分
枝豆(冷凍)	2さや
A [サラダ油	2滴
しょうゆ、砂糖、みりん	各小さじ2/3
だし汁]	大さじ2～3

1 ひじきは水で5分ほど戻して水気を切る。にんじん、油揚げは長さ2cmのせん切りにする。枝豆はさやから出す(凍ったままでOK)。

2 耐熱容器に**1**とAを入れ、ふんわりとラップをして電子レンジで2分30秒～3分加熱する。ラップをしたまま蒸らす(かたい場合は分量外のだし汁または水少々を足して様子を見ながらさらに加熱する)。

ミニトマト入りオムレツ

作りやすい分量・1～2食分

A [卵	1個
牛乳	小さじ1
塩、こしょう	各少々
ドライパセリ]	少々
ミニトマト	1～2個
サラダ油	小さじ1/2
トマトケチャップ(好みで)	適量

1 Aはすべて混ぜ合わせ、2～4等分に切ったミニトマトを加える。

2 フライパンにサラダ油を中火で熱し、**1**を流し入れてオムレツを作る。食べやすく切り、好みで詰める直前に底面にケチャップをつける。

ねこのおいなりさん

ごはん	子ども茶碗1杯分
味つきいなり揚げ(市販品)	2枚
スライスチーズ、のり	各少々

1 いなり揚げに半量ずつごはんを詰め、口を閉じる。

2 いなり揚げをねこに見立て、のりパンチで抜いた（またはハサミで切った）のりとチーズで目鼻をつける。

ウインナーとピーマンの ケチャップソテー

ウインナーソーセージ(ミニ)	2本
ピーマン	1/6個
パプリカ(黄)	適量
オリーブオイル	少々
トマトケチャップ	小さじ1

1 ウインナーは斜め半分に切り、ピーマンはせん切りにする。パプリカは小さな型で2〜3個抜く。フライパンにオリーブオイルを熱して炒め、ケチャップを加え混ぜる。

ほうれんそうと錦糸卵の 中華和え

作りやすい分量・ほうれんそうと錦糸卵は1/6量を使用する

ほうれんそう	1株
卵	1個
A 砂糖、酒	各小さじ1/2
A 塩	少々
サラダ油	少々
B ごま油	少々
B しょうゆ	少々

1 ほうれんそうはゆで、水気を絞って幅2cmに切る。

2 ボウルに卵を割りほぐしてAを混ぜ、フライパンにサラダ油を熱して薄焼き卵を作り、せん切りにする。

3 1、2のそれぞれ1/6量をBで和える。

すきまおかず

チーズ入りカニ風味かまぼこ	適量

10日 Wed.

- チーズ入りカニ風味かまぼこ
- ほうれんそうと錦糸卵の中華和え
- ウインナーとピーマンのケチャップソテー
- ねこのおいなりさん

Part 1 1カ月アイデアおべんとう 年中・年長さん向け

ねこのおいなりさん べんとう

市販の油揚げを使って作る、どうぶつおいなりさん。
中華和えの錦糸卵が面倒な場合は、いり卵でOK。

START	5分	10分	15分	20分
いなり揚げにごはんを詰める	ウインナーとピーマンのケチャップソテーを作る	ほうれんそうと錦糸卵の中華和えを作る	おいなりさんに顔をつける	詰める

サワラの
みそマヨべんとう

やわらかく食べやすいサワラにみそでコクをプラス。
野菜・ウインナー・魚の順に切るとまな板が汚れません。

START	5分	10分	15分	20分
ごはんを詰める	すべての材料を切る	サワラのみそマヨ焼きを作る	ゆで野菜＆お魚ウインナーを作る	ごはんに顔をつける 詰める

11日 Thurs.

- サワラのみそマヨ焼き
- ゆで野菜＆お魚ウインナー
- 顔つきごはん

顔つきごはん

ごはん	子ども茶碗1杯分
のり	適量
トマトケチャップ	少々

1 おべんとう箱にごはんを詰め、冷めたらのりパンチで抜いた（またはハサミで切った）のりで目鼻をつけ、ほっぺの部分にケチャップを絞る。

サワラのみそマヨ焼き

サワラ	½切れ
薄力粉	適量
しめじ	5〜6本
サラダ油	小さじ½
A［マヨネーズ	小さじ1
みそ	小さじ½
みりん	小さじ½

1 サワラは皮と骨を取り除き、食べやすい大きさに切って薄力粉をまぶす。しめじは石づきを切り落とす。

2 フライパンにサラダ油を熱し、1を中火で焼く。焼き色がついたら弱火にしてフタをし、3〜5分焼いて火を通す。

3 合わせたAを加えて煮絡める。

ゆで野菜＆お魚ウインナー

ブロッコリー	2房
にんじん	1cm
ウインナーソーセージ（ミニ）	2本
黒いりごま	少々

1 にんじんは厚さを半分にして好みの型で抜く。ウインナーに切り込みを入れ、魚の形にし、ごまで目をつける。
（詳しい作り方はP82）

2 にんじんは水からゆで、沸騰したらブロッコリーとウインナーを入れてゆでる。

かわいいPOINT
白いごはんにも、のりパンチで抜いたのりで顔をつけるだけで、かわいい印象に早変わり。

から揚げおにぎり

ごはん	子ども茶碗1杯分
から揚げ(冷凍・市販品)	小2個
＊作る場合はP25を参照	
塩	少々
のり	適量

1 から揚げはパッケージの表示に従って解凍する。

2 ごはんを2等分にしてラップで包み、から揚げを中に入れ、から揚げが少しのぞくようにして三角ににぎる。ごはんの部分に塩をまぶし、のりパンチで抜いたのりを巻く。

キャベツとコーンのコールスローサラダ

キャベツ	½枚
コーン(缶詰)	小さじ1
A 塩	少々
マヨネーズ、粉チーズ	各小さじ½

1 キャベツはせん切りにし、ふんわりとラップをして電子レンジで20秒程度、ややしんなりするまで加熱する。

2 コーン、Aを加え混ぜる。

ちくわのにんじんピック

ちくわ	½本
にんじん(8㎜角×ちくわの長さ)	1本

1 にんじんはゆで、ちくわの穴に刺し込む。長さを半分に切り、ピックに刺す。

すきまおかず

いちご(ヘタを取る)	適量

かわいいPOINT
おにぎりの具は、卵焼きや鮭でアレンジできる。のりは柄がおにぎりの中央にくるように巻くのがコツ。

Part 1　1カ月アイデアおべんとう

年中・年長さん向け

- から揚げおにぎり
- いちご
- ちくわのにんじんピック
- キャベツとコーンのコールスローサラダ

12日 Fri.

から揚げおにぎりべんとう

から揚げ入りのおにぎりでごちそう感たっぷり。他のおかずはシンプルでOKです。

START	5分	10分	15分	20分
キャベツとコーンのコールスローサラダを作る	から揚げおにぎりを作る		ちくわのにんじんピックを作る	詰める

COLUMN

便利グッズでかわいくデコ①
（のりパンチ・ハサミ）

のりパンチやハサミでごはんやおかずに顔をつけると、おべんとうが一気にかわいく変身！
ここではのりパンチの活用アレンジと、のりをハサミで切って作る表情のバリエーションを紹介。

のりパンチを活用しよう！

一瞬でデコができるのりパンチはあると便利。
アイデア次第でいろいろ活用できます。

動物の顔タイプ　シンプルな顔タイプ

基本の手順
平らな場所にペーパータオルを敷いてのりパンチでのりを抜き、竹串の先に少量の水をつけてごはんなどに貼る。

●アレンジ例

- ごはんに貼って顔つきおにぎりに
- 型抜きしたハムに貼ってうさぎに
- 型抜きしたチーズに貼って魚に

のりパンチで抜いた目のパーツを半分に切り、ウロコに見立てる。

ハサミだけでもいろいろ作れる！

直線はキッチンバサミで、曲線は専用の、刃がカーブしているハサミを使うときれいに切れます。

キッチンバサミ　ミニハサミ（デコべんとう用のもの）

基本の手順
扱いやすいサイズにあらかじめカットしたのりを手に持ち、好みの形をハサミで切り抜いていく。

●切り方のバリエーション

- 丸・三角・四角
- 男の子
- リボン

Part 2

寝坊したときも安心！

ピンチ切り抜けおべんとう

おべんとう生活に慣れないうちは、
「寝坊してしまった！」「材料を買い忘れた！」
ということもしばしば。
そんな朝のピンチを乗り切るための、
スピーディでとっても簡単なレシピです。
時間がない中でも、「かわいい見た目」で
子どもをよろこばせたいもの。
ほんのひと工夫で
一気にかわいくなるテクニックも、
ぜひ参考にしてください。

焼きそばべんとう

START	5分	10分	15分
焼きそばを作る		うずらに顔をつける	詰める

缶詰フルーツ

焼きそば

だからのり切れる！
麺と具材を炒めるだけ
だから、ラクラク！

焼きそば

焼きそば麺(蒸し)	½玉
付属のソース	½袋
キャベツ	½枚
ミックスベジタブル(冷凍)	大さじ1
＊凍ったまま使う	
ウインナーソーセージ(ミニ)	2本
サラダ油	小さじ⅓
ミニトマト	2個
うずら卵(水煮)	1個
塩	少々
のり	適量

1 キャベツは1.5cm大に切る。ウインナーは斜め切りにする。

2 フライパンにサラダ油を熱して**1**とミックスベジタブルを炒め、ほぐしやすいよう半分に切った麺、水大さじ2弱（分量外）を加えてほぐしながら炒める。水分が飛んで全体に火が通ったらソースを加えて炒め合わせる。ひと口ずつ巻くようにして詰める。

3 うずら卵は半分に切って塩をふり、のりパンチで抜いた（またはハサミで切った）のりで目鼻をつけ、ピックに刺して飾る。（余裕がなければ、顔はつけなくてもOK）。ミニトマトも詰める。

すきまおかず

フルーツ(缶詰)	適量

かわいいPOINT

時間に余裕があれば、うずらの卵に顔をつけると見た目のアクセントに。かわいい形のおべんとう箱を使うのもポイント。

だからのり切れる！

麺をゆでる間に同時調理でスピーディ！

オムレツのせナポリタン

スパゲティ	40g
玉ねぎ（薄切り）	3〜4枚
ベーコン	½枚
ピーマン	⅛個
ブロッコリー	1房
オリーブオイル	適量
A［トマトケチャップ	大さじ½
ウスターソース	小さじ½
顆粒コンソメ、塩	各少々
トマトケチャップ	適量
卵	1個
B［牛乳	小さじ1
塩、こしょう	各少々
トマトケチャップ	適量
スライスチーズ	適量

1 湯を沸かして塩少々（分量外）を加え、スパゲティを手で半分の長さに折ってゆでる。パッケージの表示時間の2〜3分前にブロッコリーも入れ、一緒にゆでる。ザルに上げ、麺にはオリーブオイル少々をまぶす。

2 ボウルに卵を割りほぐし、Bを加え混ぜる。きれいにしたフライパンにオリーブオイル小さじ½を熱し、卵液を流し入れてオムレツを作る。

3 ベーコンは幅5mmに、ピーマンは5mm角に切る。フライパンにオリーブオイル小さじ½を熱して玉ねぎと一緒に炒め、A、スパゲティを加えてさっと炒め合わせる。

4 おべんとう箱にひと口分ずつくると巻きながら詰め、ケチャップを絞る。

5 半分に切ったオムレツをナポリタンにのせ、好みの型で抜いたチーズをのせる。ブロッコリーもあいた部分に詰める。

Part 2　ピンチ切り抜けおべんとう

オムレツのせナポリタン

オムレツのせナポリタンべんとう

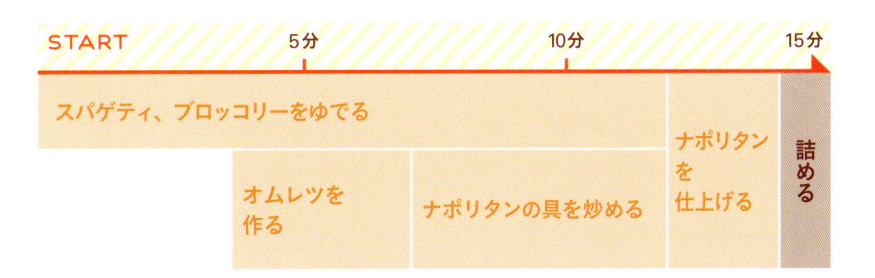

START	5分	10分		15分
スパゲティ、ブロッコリーをゆでる			ナポリタンを仕上げる	詰める
	オムレツを作る	ナポリタンの具を炒める		

お好み焼きべんとう

START	5分	10分	15分
お好み焼きを作る		お魚ソーセージピックを作る	詰める

だからのり切れる!
ごはんやパンがなくても大丈夫!

お好み焼き

キャベツ	½枚
豚バラ薄切り肉	1枚

＊豚こま切れ肉20〜30gでもよい

ミックスベジタブル(冷凍)	大さじ1

＊凍ったまま使う

A [薄力粉	大さじ3
卵	¼個
水]	大さじ2・½
ソース、マヨネーズ、青のり、かつおぶし	各適量
サラダ油	少々

1 キャベツはせん切りにする。豚肉は長さ2cmに切る。

2 Aを混ぜ、キャベツ、ミックスベジタブルを加えてさっくりと混ぜる。

3 フライパンにサラダ油を熱して**2**を丸く落とし入れ、豚肉をのせて焼く。上下を返して両面を焼き、火を通す。

4 食べやすく切り分け、ソースとマヨネーズをかけ、青のり、かつおぶしをちらす。

お魚ソーセージピック

お魚ソーセージ	2cm

1 お魚ソーセージは厚さを半分に切り、ピックに刺す。

すきまおかず

りんご(くし形切り)	1切れ
キャンディチーズ	適量

りんごに切り込みを入れて、うさぎりんごを作る。
(詳しい作り方はP83)

写真ラベル: キャンディチーズ / うさぎりんご / お魚ソーセージピック / お好み焼き

かわいいPOINT
手早くかわいくしたいときは、変身ピックが便利。ここではお魚ソーセージにピックを刺して風船に。

> だからのり切れる！

ホットケーキミックスを混ぜて焼くだけ！

ホットケーキ

A	ホットケーキミックス	50g
	牛乳	¼カップ弱
	卵	⅓個
サラダ油		ごく少量
バター、メープルシロップ		適量

1 Aは混ぜ合わせる。フライパンにサラダ油をごく薄くぬって中火で熱し、直径6〜8cm程度の大きさの小さな円形に生地を流し入れる。弱火にしてフタをし、2〜3分ほど焼いて表面にプツプツと穴が開いたら裏返し、両面を焼く。

2 バターとメープルシロップをぬって2枚一組ではさみ、ラップで包んで形をなじませる。半分に切って詰める。

野菜のチーズのり巻きピック

作りやすい分量

じゃがいも	⅛個
インゲン	1本
にんじん(8mm角×10cm)	1本
スライスチーズ	1枚
のり(スライスチーズよりやや大きめ)	1枚

1 じゃがいも、インゲンはにんじんと同じサイズのスティック状に切り、ゆでる。

2 のりにチーズをのせ、1を手前に置いてくるくると巻く。巻き終わりを下にして4等分に切り、ピックでとめる。

すきまおかず

メロン(食べやすく切る) ……………… 適量

Part **2** ピンチ切り抜けおべんとう

メロン

ホットケーキ

野菜のチーズのり巻きピック

ホットケーキべんとう

START	5分	10分	15分
ホットケーキを作る		野菜のチーズのり巻きピックを仕上げる	詰める
	(ホットケーキを焼く間に)野菜をゆでる		

食パンサンドべんとう

START　　　5分　　　　　10分　　　　15分

- サンドイッチを作る
- うずらピックを作る
- 詰める

> だからのり切れる！

加熱いらずで
ぜ〜んぶ完成！

ハムチーズサンド＆
チョコクリームサンド

サンドイッチ用食パン	2枚
ロースハム、スライスチーズ	各½枚
チョコクリーム	大さじ½
バター	少々

1. パンは型で抜くか、包丁で4等分に切り、バターをぬる。
2. 2枚一組で、半分にはハムとチーズをはさみ、残りの半量にはチョコクリームをはさむ。

うずらピック

うずら卵（水煮）	2個
ふりかけ	少々

1. うずらをピックに刺し、ふりかけをふる。

すきまおかず

ミニトマト（赤・黄、ヘタを取る）	適量
フルーツゼリー	適量

- ハムチーズサンド＆チョコクリームサンド
- フルーツゼリー
- うずらピック
- ミニトマト

かわいいPOINT

サンドイッチ型

専用の型を使う場合はパンを型で抜いてから具をはさむ。なければ、小さな抜き型で抜いて窓を作るとかわいい。

だからのり切れる!

冷凍ごはんや残ったごはんでも作れる

チャーハン

ごはん	子ども茶碗多め1杯
ミックスベジタブル(冷凍)	大さじ1
*凍ったまま使う	
豚ひき肉	40g
卵	1個
サラダ油	小さじ1
A [しょうゆ	小さじ1
塩、こしょう、鶏がらスープの素	各少々

1 フライパンにサラダ油を熱し、溶いた卵を炒めて一度取り出す。

2 豚ひき肉、ミックスベジタブルを炒め、肉の色が変わったらごはんを加える。Aも加えて強火で炒め、卵を戻し入れる。3等分にしてラップで包み、丸くにぎる。

じゃがいものゆかり和え

じゃがいも	¼個
ゆかりふりかけ	少々

1 じゃがいもは1.5cm角に切ってゆで(型抜きにんじんも一緒にゆでる)、熱いうちにゆかりふりかけを混ぜる。

型抜きにんじん

にんじん(5mm厚さの輪切り)	2枚
黒いりごま	少々

1 にんじんは型で2枚抜き、じゃがいもと一緒の湯でゆで、ごまを飾る。

すきまおかず

ミニトマト(ヘタを取る)	適量

かわいいPOINT
さみしいときは、型抜き野菜をプラス。型の形に合わせてごまや、のりなどを飾って。

Part 2　ピンチ切り抜けおべんとう

型抜きにんじん　チャーハン

ミニトマト　じゃがいものゆかり和え

チャーハンべんとう

START	5分	10分		15分
チャーハンを作る		じゃがいも、型抜きしたにんじんをゆでる	じゃがいもをゆかりで和える	詰める

77

お魚ソーセージ
サンドべんとう

START	5分	10分	15分
パンに具材を巻き、冷やす			
	(サンドイッチを冷やす間に)温野菜のドレッシング和えを作る		サンドイッチを切る 詰める

いちご

温野菜のドレッシング和え

お魚ソーセージサンド

だからのり切れる！

くるくる巻くだけで にぎやかに！

お魚ソーセージサンド

サンドイッチ用食パン	2枚
お魚ソーセージ	1本
マヨネーズ	少々
サラダ菜	1〜2枚

1 パンにマヨネーズをぬり、サラダ菜をのせる。

2 *1*に半分の長さに切ったお魚ソーセージをのせ、端からくるくると巻き、ラップで包む。残りも同様に巻く。(できれば)冷やしてなじませ、食べやすく切り分ける。

温野菜の ドレッシング和え

にんじん	1cm
ブロッコリー	2房
さつまいも	2cm
ドレッシング(市販品)	適量

1 野菜は食べやすい大きさに切る。にんじん、さつまいもをは水からゆで始め、強火にかけ、沸騰したらブロッコリーも入れて時間差でゆでる。

2 *1*をドレッシングで和える。

すきまおかず

いちご(ヘタを取る)	適量

かわいいPOINT

切り口が見えるように詰めるとかわいい。断面に型抜きしたチーズをのせると、さらにかわいさアップ！

だからのり切れる!

おにぎりを焼く間におかずを準備

焼きおにぎり

ごはん	子ども茶碗1杯分
A [かつおぶし	小さじ1
しょうゆ	小さじ½
ごま油	小さじ½
しょうゆ	少々

1 ごはんにAを混ぜ、2等分にしてラップに包んで三角ににぎる。

2 フライパンにごま油を熱し、**1**の両面をこんがりと焼き、表面にしょうゆをぬって軽く焼き色をつける。

カニかま入りミニ卵焼き

作りやすい分量

卵	1個
カニ風味かまぼこ	1本
A [酒、砂糖	各小さじ½
塩、しょうゆ	各少々
サラダ油	小さじ¼

1 ボウルに卵を割りほぐし、A、ほぐしたカニかまを加え混ぜる。

2 フライパンにサラダ油を熱して**1**を流し入れ、半熟になったらくるくると巻き、形を整えて弱火で中まで火を通す。ひと口大に切る。

きゅうりのカレーマヨ和え

きゅうり	¼本
マヨネーズ	小さじ½
カレー粉	少々

1 きゅうりは乱切りにし、マヨネーズ、カレー粉で和える。

すきまおかず

栗の甘露煮	適量

Part 2 ピンチ切り抜けおべんとう

- 焼きおにぎり
- カニかま入りミニ卵焼き
- きゅうりのカレーマヨ和え
- 栗の甘露煮

焼きおにぎりべんとう

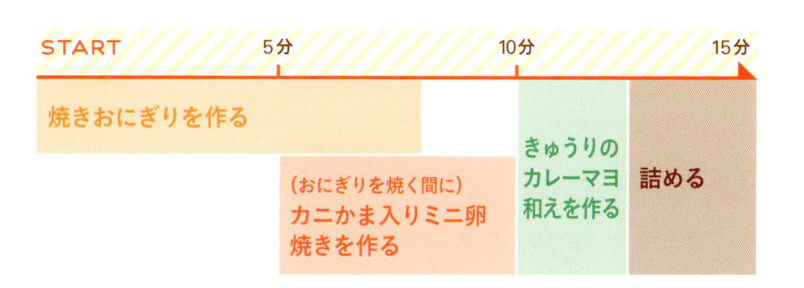

START	5分	10分	15分
焼きおにぎりを作る		(おにぎりを焼く間に) カニかま入りミニ卵焼きを作る	きゅうりのカレーマヨ和えを作る	詰める

親子丼べんとう

START　　5分　　　　10分　　　15分

親子丼を作る | おくらのごま和えを作る | のりチーズピックを作る／詰める

おくらのごま和え
カニ風味かまぼこ
のりチーズピック
親子丼

だからのり切れる！

丼にして
詰める手間を省略

親子丼

ごはん	子ども茶碗1杯分
鶏肉	20g
玉ねぎ（薄切り）	4〜5枚
卵	½個
麺つゆ（ストレート）	大さじ2・½

＊濃縮タイプの場合は水で薄める

砂糖	小さじ1
グリーンピース（冷凍）	適宜

1 鶏肉は皮を取り除き、1cm角に切る。玉ねぎは半分の長さに切る。

2 小さなフライパンに麺つゆと砂糖を入れ、**1**を入れて煮立てる。グリーンピースは凍ったままさっと煮て取り出す。弱火〜中火で7割火を通し、ほぐした卵を静かに回し入れ、フタをして卵に火が通るまで煮る。
＊麺つゆは商品によって味の濃さが違うため、味見をして味が薄ければ、しょうゆと砂糖を足し、濃いめくらいに調整する。

3 ごはんをおべんとう箱に詰め、**2**を崩さないように、グリーンピースをちらす。スプーンですくってごはんにのせる。

おくらのごま和え

おくら	1〜2本
A ［黒すりごま	小さじ½
しょうゆ、砂糖	各少々

1 おくらはゆでて食べやすい大きさに切り、Aで和える。

のりチーズピック

作りやすい分量

のり（スライスチーズより少し大きめ）	1枚
スライスチーズ	1枚

1 スライスチーズをのりの上に置き、端からくるくると巻く。4等分に切り、ピックでとめる。

すきまおかず

カニ風味かまぼこ	適量

COLUMN

便利グッズでかわいくデコ❷
（抜き型・手作りピック）

抜き型は食材を抜くだけでもかわいいですが、抜いた食材にひと工夫することでよりかわいく！
ここでは抜き型の応用テクニックを紹介します。あわせて手作りピックの作り方も紹介。

応用テクニック① 抜き型＋ストローのすかし

抜き型で抜いたパーツをさらにストローで抜いてアレンジします。

1 輪切りにしてゆでたにんじんを普通に型で抜く。

2 花びらの部分にストローを回転させるように刺して抜く。

応用テクニック② サイズ違いの型を組み合わせる

同じ形の大小の型を準備し、1枚のパーツを抜くと、小窓があいたようなアレンジに。

1 まずは大きい方の型で抜く。

2 大きい型で抜いたパーツをさらに小さい型で抜く。

応用テクニック③ 型抜きしたパーツをカットして使う

型抜きしたパーツをカットして好みの形に。ここではうさぎ形のサンドイッチにアレンジ。

1 しずく型や丸型で抜いたパーツをカットし、口に見立てる。

2 目は食パンの耳をストローで抜いて作る。

3 抜いた後、竹串で押し出すようにして外す。

手作りピックを作ってみよう

マスキングテープとつまようじさえあれば、かわいいピックが手作りできちゃいます！

【材料】
- マスキングテープ
- 好みのシール
- つまようじ

1 つまようじにマスキングテープを巻きつけるように貼る。

2 ほどよい長さでカットする。

\こんなアレンジも/

マスキングテープにシールを貼る

切り込みを入れる

シールを貼り合わせる

COLUMN

かわいい飾り切りテクニック

すきまおかずなどに使うと、キュートなアクセントになってくれる飾り切り。
ちょっと難しそうに見えますが、一度覚えてしまえば簡単です。どれも果物ナイフを使うと切りやすいです。

※ウインナーはすべて、切った後にゆでるか、炒めてからおべんとうに詰めます。

● タコさんウインナー ●

長さの半分程度まで、6等分に切り込みを入れて足にする。

ミニウインナーを使用

● カニさんウインナー ●

1 長さの1/3程度まで、両端に2本ずつ切り込みを入れて足にする。

2 頭と甲羅の部分に2カ所ずつ切り込みを入れ、中央に十字に切り込みを入れる。

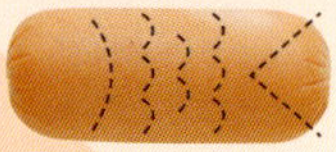

ミニウインナーを使用

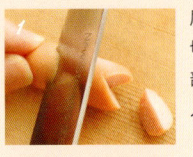

● お魚ウインナー ●

1 尾の部分をV字に切り離し、エラの部分に切り込みを入れる。

2 ストローをさし込んでウロコにし、加熱後に黒いりごまで目をつける。

ミニウインナーを使用

● パイナップル ●

1 両面に細かい斜め格子の切り込みを入れる。

2 加熱後にパセリの葉を刺す。

丸いミニウインナーを使用

● ひらひら卵 ●

1 薄焼き卵を長方形に切り、中央部分に5mm間隔で切り込みを入れる。

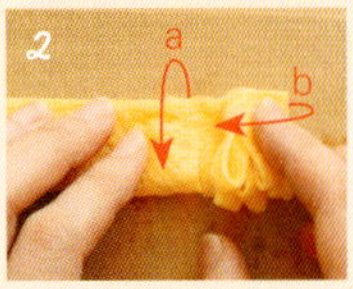

2 切り込みを中心にして半分に折りたたみ(a)、くるくると巻いて(b)、根元をピックでとめる。

同じ方法で材料を変えて
● ひらひらハム ●

1 中央部分に5mm間隔で切り込みを入れ(a)、切り込みを中心にして半分に折りたたむ(b)。

2 端からくるくると巻いて、根元をピックでとめる。

ハム1枚で作ると大きめ、1/2枚だと小さめに仕上がる。

1/2枚でも上記と同様に作ることができる。

お花みかん

みかんの真ん中あたりに、中心に向かってV字に包丁を刺し込みながらぐるりと一周する。上下を離す。

お花ゆで卵
同じ方法で材料を変えて

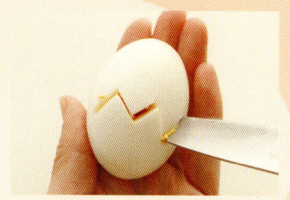

ゆで卵の真ん中あたりに、中心に向かってV字に包丁を刺し込みながらぐるりと一周し、上下を離す。

お花きゅうり
同じ方法で材料を変えて

きゅうりは3cm程度の長さに切り、真ん中あたりに、中心に向かってV字に包丁を刺し込みながらぐるりと一周し、上下を離す。

うずらひよこ
同じ方法で材料を変えて

ゆで卵の真ん中あたりに、V字に浅く包丁を刺し込みながら（白身を切る）、ぐるりと一周する。

白身だけをつまんで離し、すこしずらして黄身にかぶせ、ピックでとめる。

うさぎりんご

りんごは皮つきのままくし形に切り、さらに半分に切る。うさぎの耳の形にV字に切り込みを入れる。

皮と実の間に切り込みを入れ、V字に切り込みを入れた部分の皮を外す。

かまぼこパンダ

1. かまぼこ1枚を準備し、厚みを半分にするように、切り離さないギリギリまで切り込みを入れる。
2. だ円の抜き型で目の周りになる部分を2カ所抜く。切り込みにのりをはさんで、かまぼこの形に沿って切る。 
3. 2で抜いたかまぼこ2枚を耳に見立てて切り込みにはさみ、耳の形に合わせて切ったのりを貼る。 
4. のりパンチで抜いた（またはハサミで切った）のりで鼻と口を作る。

COLUMN

冷凍アレンジコレクション

そのまま詰められて便利な冷凍のお総菜ですが、ちょっと手を加えるだけで、手作り感いっぱいのおかずに早変わり！ 簡単なアレンジレシピを紹介します。

※分量の記載がないものはすべて適量です。

ハンバーグが… ロコモコ丼に！

冷凍ハンバーグは解凍する。ごはんの上にいり卵、ハンバーグ、ゆでて切ったおくら、刻んだミニトマトなどをのせてトマトケチャップ、マヨネーズをかける。

エビフライが… 中巻きに！

冷凍エビフライは揚げてソースをつける。のり½枚にごはんを敷き詰め、手前にサラダ菜、マヨネーズ、エビフライをのせて端から巻き、切り分ける。

オムレツが… サンドイッチに！

冷凍オムレツは解凍して半分に切る。好みのパンを半分に切り、切り込みを入れてバターをぬる。レタス、半分に切ったミニトマト、トマトケチャップなどと一緒にはさむ。

シュウマイが… チンゲンサイ巻きに！

冷凍シュウマイは解凍する。ゆでたチンゲンサイの葉で巻き、巻き終わりをピックでとめる。

コロッケが… デココロッケに！

コロッケは解凍する。
【カニ】ハムの裏にマヨネーズ少々をつけて貼って口にし、目はグリーンピースとスパゲティでつけ、ピック2本を刺す。
【お花】スライスチーズを花の抜き型で抜き、ストローで花びらを抜く。マヨネーズ少々をぬってコロッケにのせる。

きんぴらが… 肉巻きに！

冷凍きんぴら1食分は解凍する。豚薄切り肉1～2枚の内側に薄力粉をふり、きんぴらをのせて巻く。全体にも薄力粉をふり、サラダ油を熱したフライパンで焼く。しょうゆ、みりん各小さじ½で煮絡め、食べやすい大きさに切る。

ひじきの煮物が… 卵焼きに！

ひじきの煮物1食分は解凍する。卵1個、塩・しょうゆ各少々、砂糖・酒各小さじ½を混ぜ、サラダ油小さじ½を熱した卵焼きフライパンに入れて大きく2～3回混ぜる。半熟になったらひじきを入れて、包み込むように形を整えて巻き、弱火で中まで火を通す。

から揚げが… 甘酢和えに！

フライパンにごま油小さじ½を熱してミックスベジタブル大さじ½を炒め、混ぜ合わせた調味料（トマトケチャップ小さじ1、酢・砂糖・酒各小さじ½、しょうゆ・鶏がらスープの素各少々、水大さじ1、水溶き片栗粉少々）、食べやすい大きさに切ったから揚げ1～2個を加えて煮絡める。

Part 3

みんなで楽しくおいしく！
にぎやかおべんとう

運動会やピクニック、遠足などのイベントの日に、みんなでわいわい食べたいおべんとうレシピです。「豪華なおかずでよろこばせよう！」と考えると、あれもこれもと意気込んで、慌ててしまいがち…。そこで、簡単なのに華やかに見えるテクニックや、にぎやかに仕上げる裏技もあわせて紹介します。

《Part 3の料理の分量》

大人2人分＋子ども2人分がベース

この章のレシピは、特に記載がない限り「大人2人分＋子ども2人分」の分量です。大体子ども2人＝大人1人分換算なので、人数に応じて調整してください。料理によっては、作りやすい分量で作り、分量の目安を記載しています。

ミニトマトと
チーズのピック

温野菜＆
ツナディップ

のり巻きおにぎり

うずらのスコッチエッグ

いちご

スコッチエッグべんとう

にぎるのに時間がかかるおにぎりを、巻いて切って時間短縮！
ミニトマト＆チーズのピックをちらすと、動きが出て華やかになります。

Part 3 にぎやかおべんとう / 行楽べんとう

のり巻きおにぎり

作りやすい分量・大人3〜4人分

ごはん	…700〜800g（茶碗多め4杯分）
のり	2枚（全型）
昆布のつくだ煮	適量
焼き鮭（身をほぐす）	適量
塩	少々

1 ラップの上にのりを1枚置き、塩をふる。奥2cm、手前1cm程度を残してごはんを敷き詰め、中央に昆布をのせる。のりの手前と奥を合わせるようにして巻き、軽く押してなじませながら断面が三角になるように形を整える。同様に鮭も作る。

＊ごはんが温かいうちにラップに包むとのりが溶けてしまうので、ラップを開けて粗熱をとる。

2 粗熱が取れてなじんだら切り分ける。

うずらのスコッチエッグ

作りやすい分量・8個分

うずら卵（水煮）	8個
A　あいびき肉	250g
ドライパン粉	1/2カップ強
卵（Sサイズ）	1個
＊大きいものなら2/3個分を使う	
玉ねぎ	1/5個
塩	小さじ1/5
こしょう、あればオールスパイス	少々
薄力粉、溶き卵、パン粉、揚げ油	各適量
ソース、レモン、パセリ（好みで）	適量

1 玉ねぎはみじん切りにし、Aをすべて一緒によく練り合わせ、8等分にする。

2 うずら卵に薄力粉をまぶし、1をていねいに包む。薄力粉、溶き卵、パン粉の順にまぶす。

3 170℃（中温）に熱した油で、こんがりと色づいて中に火が通るまで5分ほど揚げる。粗熱が取れたら半分に切り、好みでソース、レモン、パセリなどを添える。

かわいいPOINT
スコッチエッグは断面を見せることで、華やかに。大きく作りすぎると中まで火が通らないので注意。

温野菜＆ツナディップ

にんじん	1/3本
ブロッコリー	1/2株
かぼちゃ	1/12個（約60g）
●ツナディップ	
ツナ缶（オイル漬）	1/3缶
マヨネーズ	大さじ2・1/2
しょうゆ	少々

1 にんじんは薄い輪切りにする。ブロッコリーは小房に分ける。かぼちゃは厚さ5mmのくし形切りにする。

2 にんじんとかぼちゃは水からゆで始め、沸騰したらブロッコリーを入れ、時間差でゆでる。ディップの材料を混ぜ合わせて添える。

ミニトマトとチーズのピック

ミニトマト	4個
キャンディチーズ	4個

1 ミニトマトとキャンディチーズを交互にピックで刺し、全体にちらすように詰める。

フルーツ

いちご（ヘタを取る）	適量

炊き込みおこわ

串カツ

ぶどう

だし巻き卵

ミニトマト

かまぼこ

ほうれんそうとかまぼこの塩昆布ごま和え

炊き込みおこわべんとう

**フライ類は串に刺すだけでぐっと豪華に見えます。
おこわは吸水や蒸らし時間なく作れるので、意外に簡単!**

炊き込みおこわ

2合分・大人3〜4人分

もち米	2合
A しょうゆ	大さじ2・1/2
A みりん	大さじ1・1/2
さつまいも(中)	1/4本
にんじん	1/4本
油揚げ	1/4枚

1 さつまいもは厚さ1cmのいちょう切りに、にんじんは太めのせん切り、油揚げは長さ2cmのせん切りにする。

2 もち米をといで炊飯器の内釜に入れ、Aを加えて白米を炊くときより目盛りの3mm程度下になるように水加減し、ざっと混ぜる。**1**をのせ、あれば時間短縮コースで炊く(なければ普通に炊く)。

3 炊き上がったら蒸らさずすぐにフタをあけ、具をつぶさないようにさっくりと混ぜる。

串カツ

豚ひれ肉	80g
ホタテ貝柱	3粒
かぼちゃ	40g(約1/2個)
エリンギ	1〜2本
塩、こしょう	各少々
薄力粉、溶き卵、パン粉	各適量
揚げ油	各適量
好みのソース、レタス	適量

1 かぼちゃは厚さ1cmの小さなくし形切りにし、ふんわりとラップに包んで30〜40秒、串が通る程度まで加熱する。

2 豚肉、ホタテ、エリンギは2cm角に切りそろえ、2つ一組にして串に刺し、塩こしょうをする。

3 薄力粉、溶き卵、パン粉を順につけ、170℃(中温)の油で4〜5分揚げる。好みでソース、レタスを添える。

かわいいPOINT
フライの串には、具材ごとに色分けしたマスキングテープをつけると、かわいくなるうえ、中の具を見分けやすい!

だし巻き卵

卵	3個
A 砂糖	大さじ1・1/2
A しょうゆ	小さじ2/3
A 塩	少々
A 酒、だし汁	各大さじ1
サラダ油	小さじ1/2

1 ボウルに卵を割りほぐし、Aを加えてよく混ぜ合わせる。

2 フライパンにサラダ油を中火で熱し、**1**を一気に流し入れ、何度か空気を含ませるように大きく混ぜる。半熟になったら弱火にし、折りたたんで形を整える。何度か返して全体に火を通し、あれば巻きすに取って形を整える(巻きすがない場合は皿などに移して冷ます)。

ほうれんそうとかまぼこの塩昆布ごま和え

ほうれんそう	1/2把
かまぼこ	幅2cm分
A 塩昆布	小さじ1
A 白いりごま	大さじ1
A しょうゆ	小さじ1/2
A 砂糖	小さじ1/2

1 ほうれんそうはゆで、幅2cmに切る。かまぼこはせん切りにする。

2 **1**をAで和える。

すきまおかず、フルーツ

ミニトマト(ヘタを取る)	適量
かまぼこ	適量
ぶどう	適量

Part 3 にぎやかおべんとう

行楽べんとう

ロールサンドイッチ

マカロニサラダ

フライドチキン＆
ポテトフライ

フライドチキン＆ロールサンドべんとう

ロールサンドは見た目にかわいいだけでなく、大人数で食べやすい形。
マカロニサラダはオイルをまぶすと、時間がたってもくっつきません。

Part 3 にぎやかおべんとう　行楽べんとう

ロールサンドイッチ

サンドイッチ用食パン	6枚
ねりあん	120g
バター	10g
ツナ缶（オイル漬）	70g
マヨネーズ	小さじ2
塩	少々
きゅうり	½本

1 あんこ＆バターサンドを作る。ねりあんは3等分し、それぞれパンの長さに合わせて筒状にまとめる。バターは細長く切る。パンの手前にねりあん1本とバターの⅓量を置き、端からしっかりと巻いてラップで包む。同様に計3本巻く。冷蔵庫で冷やしてから切り分ける。

2 ツナマヨサンドを作る。汁気を切ったツナに、マヨネーズ、塩を加え混ぜる。きゅうりは縦3等分に切る。パンにツナの⅓量を広げ、きゅうり1本をのせ、端からしっかりと巻いてラップで包む。同様に計3本巻く。冷蔵庫で冷やしてから切り分ける。

かわいいPOINT
サラダなどに使うマカロニは、かわいい形のものを選ぶと見た目に動きが出てにぎやかな印象になる。

フライドチキン＆ポテトフライ

作りやすい分量

鶏もも肉	2枚
A　卵	1個
牛乳	½カップ
おろしにんにく	1片分
B　薄力粉	1カップ
塩	小さじ1・½
ドライハーブ（オレガノ、バジルなど）	小さじ2
パプリカパウダー、オールスパイス	各小さじ1
じゃがいも	1個
揚げ油	適量
サラダ菜、レモン（好みで）	各適量

1 鶏もも肉は余分な皮と脂を取り除き、1枚を4等分にして、Aをよくもみ込む。

2 じゃがいもは皮つきのまま縦に8等分にしてさっと水にさらし、水気をよく拭く。

3 1は揚げる直前に合わせたBをたっぷりまぶし、170℃（中温）の油でカリッとキツネ色になり、火が通るまで8〜10分程度揚げる。じゃがいもは3〜5分程度揚げる。好みでサラダ菜、レモンを添える。

＊写真のレモンはP83のお花みかんと同様の方法で飾り切りしたもの。

マカロニサラダ

作りやすい分量

マカロニ（乾燥）	70g
ロースハム	2枚
にんじん（3cmを縦半分に切る）	1切れ（約40g）
きゅうり	⅓本
玉ねぎ	小⅛個
塩	少々
A　白ワインビネガー（または酢）、オリーブオイル	各小さじ1
B　マヨネーズ	大さじ2
塩、こしょう、砂糖	各少々
ミニトマト	適量

1 沸騰したたっぷりの湯に塩少々（分量外）を入れ、マカロニをパッケージに表示された時間通りにゆで、ザルに上げる（湯は捨てない）。Aを入れたボウルにあけ、全体に絡める。

2 にんじんはせん切りにしてマカロニをゆでた湯でさっとゆで、ザルに上げる。玉ねぎは薄切りにして、同じ湯で10秒ほどゆで、水にさらして絞る。

3 きゅうりはせん切りにし、塩もみして絞る。ハムはせん切りにする。

4 1、2、3をBで和える。ミニトマトを飾る。

フルーツサンドイッチ

焼き肉サンドイッチ

具だくさんポテトサラダ

焼き肉サンド＆
フルーツサンドべんとう

焼き肉サンドはこぼれないよう、ポケット型のサンドイッチに。
ポテトサラダの具はすべて、同じ湯を使って時間差でゆでます。

焼き肉サンドイッチ

白い丸パン	3個
牛薄切り肉	100g
リーフレタス	1〜2枚
ミニトマト	3個
スライスチーズ	1・1/2枚
焼き肉のタレ(市販品)	大さじ1弱
サラダ油	小さじ1/3
マヨネーズ	適量

1 パンは半分に切り、中央に切り込みを入れてポケット状にする。断面にマヨネーズをぬる。

2 牛肉は食べやすい大きさに切り、フライパンにサラダ油を熱して焼く。肉の色が変わったら、焼き肉のタレを加えて煮絡め、冷ます。

3 チーズの一部を5枚ほど好みの型で抜く。

4 *1* のパンに、レタス、チーズ、*2*、半分に切ったミニトマトを挟み、抜いたチーズを飾る。ラップで包み、(できれば)冷蔵庫で軽く冷やす。

フルーツサンドイッチ
作りやすい分量・大人3〜4人分

サンドイッチ用食パン	4枚
カッテージチーズ(裏ごしタイプ)	80g
はちみつ	大さじ1・1/2
黄桃(半割り)	2個

1 黄桃は水気をよく拭き、1cm角に切る。カッテージチーズ、はちみつと一緒に和える。

2 パンに *1* の半量を広げ、もう一枚のパンをのせて手で軽く押して挟む。同様にもう一組作り、ラップで包み、(できれば)冷蔵庫で20分ほど休ませる。食べやすい大きさに切り分ける。

かわいいPOINT
ポテトサラダはカップなどに1人分ずつ盛り、ケーキのようにトッピングするとかわいい。まとめて盛る場合も、同じく飾りつけて。

具だくさんポテトサラダ
作りやすい分量・大人3〜4人分

じゃがいも	2〜3個
玉ねぎ	小1/8個
にんじん	1/4本分
グリーンアスパラガス	2〜3本
ミニトマト	3個
ウインナーソーセージ(ミニ)	4本
卵	1個
A [マヨネーズ	大さじ2〜3
白ワインビネガー、オリーブオイル	各小さじ1弱
塩、こしょう、砂糖	各少々

1 鍋にじゃがいもと卵、水を入れて強火にかけ、沸騰したら弱火で13〜14分ゆで、卵は取り出して水で冷やす。じゃがいもはやわらかくなるまで中火でゆでる。

2 にんじんは4〜5枚の輪切りにして好みの型で飾り用に抜き、残りはいちょう切りにしてゆでる。同じ湯でアスパラを1〜2分ゆでて穂先を飾り用に取り分け、斜め切りにする。薄切りにした玉ねぎも10秒ほどゆで、水にさらして絞る。ウインナーは2〜3本を飾り用に取り分け、長さを半分に切って断面を6等分するように切り込みを入れてゆでる。残りのウィンナーはゆでた後、厚さ5mmの輪切りにする。

3 *1* のじゃがいもの皮を熱いうちにむいてつぶし、飾り用以外の *2* も加えて、Aで和える。器に盛り、くし形切りにしたゆで卵、飾りのにんじん、アスパラ、ミニトマトなどで飾る。

COLUMN
おべんとうを傷みにくくするポイント

特に暑い時期に注意したい、食中毒を防ぐためのポイントを紹介します。
「基本ルール」は季節を問わず、いつでも守りたいルールです。

必ず守りたい基本ルール

1 作る前に必ず手洗いを

2 汁や水けはしっかり切る

3 作りおきおかずは再加熱してから詰める

4 詰めるものはすべてしっかり冷ます

5 おべんとう箱はすみずみまで清潔に

● 道具は清潔に

まな板と包丁など調理に使う道具は清潔に。特に包丁とまな板は肉や魚を切ったらそのつど洗いましょう。

● しっかり加熱&冷ます

肉や魚、卵は中までしっかりと火を通しましょう。特に卵は半熟ではなく完全に火を通すようにして。ごはんはおべんとう箱に詰めてからしっかり冷まし、冷めてからおかずを詰めます。

● ごはんはラップでにぎる

ごはんに手の雑菌がつくのを防ぐため、おにぎりは必ずラップでにぎりましょう。

● 生野菜を詰めない

暑い時期は注意!

夏は野菜についた雑菌が繁殖しやすいため、きゅうりやレタスなどの生野菜を生のまま入れないで! ミニトマトは入れてもいいですが、よく洗って水気を拭き、ヘタを外して詰めて。

● 抗菌シートを活用する

暑い時期は注意!

夏は市販の抗菌シートを使うのもおすすめ。詰め終わったおべんとうの上にのせ、フタをするだけです。

● 保冷剤を使う

暑い時期は注意!

気温の高い時期は朝詰めてから食べるまでの間に傷まないよう、保冷剤をつけて持たせましょう。

保冷剤の代わりにゼリーを凍らせて使ってもOK

Part 4

飽きない、飽きさせない！
カラフルバリエーションおかず

おべんとう作りに慣れてくると、
悩ましいのがおかずのマンネリ…。
おなじみの材料でも、
味けや加熱方法をちょっとアレンジするだけで、
一気に新鮮な印象になります。
ここでは、材料別・色別に
おかずのバリエーションを紹介。
ボリュームがちょっと足りない…
というときにも役立つレシピです。

肉のおかず

各レシピ 子ども1人分
（※）のみ作りやすい分量

保存しやすく扱いやすい肉は、
おべんとう作りの強い味方。
鶏・豚・牛をいろいろ取り入れて。

ささみの梅肉巻き（※）

鶏ささみ肉	1本
薄力粉	適量
ねり梅	小さじ1/3
のり（5cm×6cm）	1枚
A[しょうゆ、酒、はちみつ	各小さじ1/2
サラダ油	少々

1 ささみは観音開きにして薄力粉をふり、のりを置いてねり梅をぬって巻く。巻き終わりをつまようじでとめる。

2 フライパンにサラダ油を熱し、*1*を転がしながら焼き、フタをして弱火で中まで火を通す。Aを加えて煮絡め、切り分ける。

ささみのごま焼き（※）

鶏ささみ肉	1本
A[塩、こしょう、薄力粉、溶き卵	各少々
白いりごま・黒いりごま	各適量
サラダ油	小さじ1/2
ポン酢しょうゆ	小さじ1/3

1 ささみは筋を取り除き、3～4等分の斜め切りにする。Aを順番にまぶし、ごまもまぶす。

2 フライパンにサラダ油を熱し、*1*の両面焼いて火を通す。ポン酢しょうゆをかける。

鶏ひき肉とにんじんのみそつくね

A[鶏ひき肉（もも）	50g
にんじんのせん切り	10g
パン粉	大さじ1
みそ	各小さじ1/2
みりん	小さじ1
サラダ油	小さじ1/2

1 Aはすべて混ぜ合わせ、2～3等分にして小判型にまとめる。

2 フライパンにサラダ油を熱し、*1*の両面を強火で焼く。フタをして弱火で火を通す。

鶏ひき肉とミックスベジタブルのカレーそぼろ

鶏ひき肉（むね）	40g
ミックスベジタブル（冷凍）	大さじ1
*凍ったまま使う	
A[カレー粉	小さじ1/4
しょうゆ、みりん	各小さじ1/2～1

1 鶏ひき肉とAをフライパンに入れてよく混ぜる。中火にかけてそぼろ状になるまで炒める。

2 ミックスベジタブルを加えてさらに炒め、全体に火が通るまで1～2分加熱する。

ひき肉と豆腐のハンバーグ

A[あいびき肉	40g
木綿豆腐（2cm角）	1切れ（約20g）
パン粉	大さじ1
塩、こしょう	各少々
B[しょうゆ、みりん	各小さじ2/3
砂糖	少々
片栗粉	小さじ1/4
水	大さじ1
サラダ油	少々

1 豆腐の水気を軽く拭いてからAをすべて混ぜ合わせて2～3等分にし、丸くまとめる。

2 フライパンにサラダ油を熱し、*1*の両面強火で焼く。フタをして弱火で火を通す。

3 余分な脂をペーパータオルで拭き取り、合わせたBを加えて煮絡める。

ささみの スティックフライ

鶏ささみ肉	1/2本
塩、こしょう	各少々
薄力粉、卵、パン粉、揚げ油	各適量
中濃ソース(好みで)	適量

1 ささみは筋を取り除き、縦に半分か3等分に切る。

2 塩、こしょう、薄力粉、卵、パン粉の順にまぶし、170℃(中温)に熱した油で揚げる。好みでソースをつける。

鶏むね肉ときゅうりの バンバンジーサラダ

鶏むね肉	40g
きゅうり	1/4本
塩	少々
ごまドレッシング(市販品)	小さじ1〜2

1 鶏肉は皮を取り除く。沸騰した湯に入れ、弱火でゆでて手でほぐす。きゅうりはせん切りにして塩少々でもむ。

2 1をドレッシングで和える。

鶏ひき肉とコーンの つまみ揚げ

A	鶏ひき肉(もも)	40g
	コーン(缶詰)	大さじ1/2
	パン粉	大さじ1
	牛乳	小さじ1
	しょうゆ	小さじ1/2
	塩、こしょう	各少々
揚げ油		適量
中濃ソースまたは トマトケチャップ(好みで)		適量

1 Aはよく練り、ひと口大にまとめる。

2 170℃(中温)に熱した油で約3分揚げ、好みでソース、ケチャップを添える。

カニかま入りシュウマイ

A	豚ひき肉	40g
	玉ねぎ(みじん切り)	小さじ1
	酒、しょうゆ	各小さじ1/3
	ごま油	少々
カニ風味かまぼこ		2本
シュウマイの皮		3枚

1 カニかまは表面の赤い部分を残し、刻む。

2 Aと刻んだカニかまを合わせて練り、3〜4等分にして丸める。

3 幅5mmに切ったシュウマイの皮、カニかまの赤い部分をほぐして混ぜ、2にまぶす。耐熱皿にのせてふんわりとラップをし、電子レンジで1分半〜2分加熱して火を通す。

＊電子レンジにかけすぎると冷めてからかたくなるので注意。様子を見ながら加熱する。

豚と小松菜の しゃぶしゃぶごま和え

豚肉(しゃぶしゃぶ用)		2枚(約30〜40g)
小松菜		1/2株
A	白すりごま	小さじ1/2
	麺つゆ(2倍濃縮)	小さじ1/2

1 小松菜は沸騰した湯でさっとゆで、長さ2cmに切る。同じ湯で豚肉もゆで、幅8mmに切る。

2 1をAで和える。

豚肉のマーマレード焼き

豚薄切り肉		40g
サラダ油		小さじ1/3
A	マーマレードジャム	小さじ1・1/2
	しょうゆ	小さじ1/2

1 豚肉は2〜3等分に食べやすく切る。

2 フライパンにサラダ油を熱して1を焼き、余分な脂はペーパータオルで拭き取る。合わせたAを加えて煮絡める。

豚とキャベツの塩麹炒め

豚薄切り肉	40g
キャベツ	1/4枚
サラダ油	小さじ1/3
塩麹	小さじ1/2

1 キャベツは1.5cm大に切る。豚肉は幅2cmに切る。

2 フライパンにサラダ油を熱し、*1*を炒める。肉の色が変わったら塩麹を加えて軽く炒め合わせる。

牛肉のしぐれ煮

牛薄切り肉	50g
A[しょうが(せん切り)	少々
しょうゆ、酒、砂糖	各小さじ1

1 牛肉は幅1cmに切り、沸騰した湯で色が変わる程度にさっとゆで、水気を切る。

2 *1*とAを小鍋に入れて中火で炒り煮にし、味をなじませる。

牛肉と玉ねぎの ケチャップ&ソースソテー

牛薄切り肉	50g
塩、こしょう、薄力粉	各少々
玉ねぎ	小1/8個
A[トマトケチャップ	大さじ1/2
ウスターソース、みりん	各小さじ1
オリーブオイル	小さじ1/2
グリーンピース(冷凍)	5粒

1 牛肉は幅3cmに切り、塩、こしょう、薄力粉をまぶす。玉ねぎは薄切りにする。

2 フライパンにオリーブオイルを熱し、*1*、凍ったままのグリーンピースを炒め、火が通ったらAを加えて煮絡める。

牛肉のカラフル野菜巻き

牛薄切り肉	1〜2枚
パプリカ(黄・赤、縦に1cm幅に切ったもの)	各1本
薄力粉	適量
サラダ油	小さじ1/2
A[しょうゆ、みりん、砂糖	各小さじ1/2〜2/3

1 パプリカはせん切りにする。

2 牛肉の内側に薄力粉をふり、*1*を手前に置いて巻き、全体に薄力粉をふる。

3 フライパンにサラダ油を熱し、*2*を転がしながら焼き、フタをして火を通す。Aを加えて煮絡め、食べやすい大きさに切る。

牛肉ともやしの卵とじ

牛薄切り肉	1/2枚(約20〜30g)
もやし	15g
A[麺つゆ(ストレート)	大さじ2
砂糖	小さじ1/2
卵	1/2個

1 牛肉は幅2cmに切り、もやしは長さを2〜3等分にする。

2 小鍋に*1*、Aを入れて煮立て、8割火が通ったら溶き卵を回し入れ、フタをして完全に火を通す。

ゆで卵の牛肉巻き(※)

ゆで卵	1個
牛薄切り肉	1枚(約40g)
薄力粉	適量
サラダ油	少々
A[しょうゆ、みりん	各小さじ1

1 ゆで卵に薄力粉をまぶし、卵がかくれるように牛肉を巻きつけて手でしっかりとなじませる。

2 フライパンにサラダ油を熱し、*1*を転がしながら焼く。火が通ったらAを加えて煮絡め、切り分ける。

卵のおかず

すべて作りやすい分量

冷蔵庫に常備されている卵は、ボリューム感を出したいときに便利。形や具材で変化をつけて。

Part 4 カラフルバリエーションおかず

肉のおかず／卵のおかず

のりのぐるぐる卵焼き（1本分）

- A
  - 卵.................................. 2個
  - 砂糖、酒...................... 各小さじ1
  - しょうゆ...................... 小さじ1/3
  - 塩................................. 少々
- サラダ油........................ 小さじ1/2
- のり（10cm×12cm）............ 1枚

1 Aを混ぜ合わせ、サラダ油を中火で熱した卵焼きフライパンに一気に流し入れ、大きく2〜3回混ぜる。

2 弱火にしてのりをのせ、半熟になったら奥から巻く。中まで火を通し、冷ましてから切り分ける。

サクラエビと青のり入り卵焼き（1本分）

- A
  - 卵.................................. 2個
  - 砂糖、酒...................... 各小さじ1
  - しょうゆ...................... 小さじ1/3
  - 塩................................. 少々
  - サクラエビ.................. 小さじ1
  - 青のり.......................... 小さじ1/2
- サラダ油........................ 小さじ1/2

1 Aを混ぜ合わせ、サラダ油を中火で熱した卵焼きフライパンに一気に流し入れ、大きく2〜3回混ぜる。

2 弱火にして、半熟になったら奥から巻く。中まで火を通し、冷ましてから切り分ける。

鶏そぼろ入りオムレツ

- A
  - 卵.................................. 1個
  - 鶏そぼろ（市販品）....... 大さじ1・1/2
  - ※作る場合はP62のそぼろごはんを参照
  - 塩、こしょう............... 各少々
- オリーブオイル............. 小さじ1/2

1 Aを混ぜ合わせ、オリーブオイルを中火で熱した小さめのフライパンに一気に流し入れ、大きく2〜3回混ぜる。

2 弱火にして、半熟になったら小判型にまとめる。中まで火を通し、冷ましてから切り分ける。

カッテージチーズ入り茶巾

- A
  - 卵.................................. 1個
  - 牛乳.............................. 小さじ1
  - 塩、こしょう............... 各少々
  - カッテージチーズ....... 小さじ1
  - ミックスベジタブル（冷凍）.... 小さじ2
  - ＊凍ったまま使う
- オリーブオイル............. 小さじ1/2
- トマトケチャップ（好みで）........ 少々

1 Aはすべて混ぜ、オリーブオイルを中火で熱した小さめのフライパンに一気に流し入れる。大きく2〜3回混ぜ、ふんわりとまとめる。

2 熱いうちにラップに包んで茶巾にし、好みでケチャップを絞る。

ツナチーズ入りオムレツ

- A
  - 卵.................................. 1個
  - 牛乳.............................. 小さじ1
  - 塩、こしょう............... 各少々
- ツナ缶（オイル漬）.......... 小さじ1
- 溶けるチーズ................. 小さじ1
- オリーブオリーブ......... 小さじ1/2
- トマトケチャップ（好みで）........ 適量

1 Aを混ぜ合わせ、オリーブオイルを中火で熱したフライパンに一気に流し入れ、大きく2〜3回混ぜる。

2 弱火にして半熟になったらツナとチーズをのせ、折りたたむように包んで中まで火を通す。冷ましてから切り分け、好みでケチャップを添える。

魚介のおかず

各レシピ 子ども1人分
(※)のみ作りやすい分量

栄養のために取り入れたい魚。
子どもが食べやすく、
調理もしやすいものを選びました。

メカジキのごまみそ焼き

メカジキ …………………………… ½切れ
A ┌ 長ねぎ(みじん切り) ……………… 小さじ1
　│ みそ、白すりごま ………………… 各小さじ½
　└ みりん ……………………………… 小さじ1

1 メカジキは半分に切り、混ぜ合わせたAをのせる。

2 アルミホイルにサラダ油(分量外)を薄くぬって*1*をのせ、オーブントースターで火が通るまで焼く。

メカジキのカレーマヨ焼き

メカジキ …………………………… ½切れ
塩、こしょう、薄力粉 ……………… 各少々
オリーブオイル ……………………… 小さじ½
A ┌ マヨネーズ、酒 …………………… 各小さじ1
　└ カレー粉、しょうゆ ……………… 各少々

1 メカジキは食べやすい大きさに切り、塩、こしょう、薄力粉をまぶす。

2 フライパンにオリーブオイルを熱して*1*を炒め、フタをして火を通す。

3 Aを加えて煮絡める。

鮭のマヨネーズ焼き

生鮭 ………………………………… ½切れ(40g)
塩、こしょう ………………………… 各少々
マヨネーズ …………………………… 適量
ドライパセリ ………………………… 少々

1 鮭は骨と皮を取り除いて食べやすい大きさに切り、塩、こしょうをまぶす。

2 アルミホイルにサラダ油(分量外)を薄くぬって*1*を置き、マヨネーズを絞る。

3 オーブントースターで火が通るまで焼き、パセリをふる。

マグロの焼き肉のタレ炒め

マグロ(厚さ1cm) …………………… 2～3切れ
グリーンアスパラガス ……………… ½本
サラダ油 ……………………………… 小さじ½
焼き肉のタレ(市販品) ……………… 小さじ1～2

1 マグロは食べやすい大きさに切る。アスパラは根元の皮をむき、斜め薄切りにする。

2 フライパンにサラダ油を熱して*1*を炒め、全体に火が通ったら焼き肉のタレを加えて煮絡める。

ホタテのケチャップ炒め

ホタテ貝柱 …………………………… 2個
塩、こしょう、薄力粉 ……………… 各少々
バター ………………………………… 少々(2g)
トマトケチャップ …………………… 大さじ½

1 ホタテは2～4等分に切り、塩、こしょう、薄力粉をまぶす。

2 フライパンにバターを熱して、*1*を焼き、火が通ったらケチャップを加えて絡める。

サバのから揚げ風

サバ（切り身）	40g
A ［しょうゆ	大さじ½
おろししょうが	少々
片栗粉	適量
揚げ油	適量

1 サバは骨を取り除いて3cm角に切り、Aをよくもみ込む。

2 片栗粉をまぶし、170℃（中温）に熱した油で揚げる。

サバのオイスターソース焼き

サバ（切り身）	½切れ（40g）
薄力粉	適量
ミニトマト	2個
小松菜	2本
ごま油	小さじ½
オイスターソース、酒	各大さじ½

1 サバは骨を取り除いて2cm角に切り、薄力粉をまぶす。

2 ミニトマトは半分に切り、小松菜は長さ2cmに切る。

3 フライパンにごま油を熱して*1*を炒め、8割火が通ったら*2*を加えて炒め合わせる。全体に火が通ったらオイスターソース、酒を加えて煮絡める。

タラとハムのお魚バーグ

タラ（生）またはすり身	40g
ロースハム（みじん切り）	½枚分
A ［青のり	小さじ⅓
パン粉	大さじ1
塩、こしょう	各少々
サラダ油、トマトケチャップ（好みで）	各少々

1 タラは骨と皮を取り除き、包丁で叩いてねばりを出す。

2 *1*、ハム、Aを混ぜ合わせて2等分にし、小判型にまとめる。

3 フライパンにサラダ油を熱して*2*の両面を焼き、フタをして弱火で火を通す。好みでケチャップなどを添える。

エビのギョーザの皮包み焼き（※3個分）

エビ（中）	3尾
塩、こしょう、薄力粉	各適量
ギョーザの皮	3枚
サラダ油	小さじ½
トマトケチャップまたはソース（好みで）	適量

1 エビは尾を残して皮をむき、剣先、背ワタを取り除く。よく拭いて塩、こしょう、薄力粉をまぶし、ギョーザの皮で包む。とじ目に軽く水をつけて手でギュッと押さえる。

2 フライパンにサラダ油を熱し、*1*を中火で焼く。フタをして弱火で中まで火を通す。好みでケチャップやソースを添える。

イカのスティックフリッター

イカ（切り身、皮をむいたもの）	30〜40g
A ［薄力粉	大さじ2
溶き卵	大さじ1
水	大さじ1
塩、こしょう、重曹	各少々
塩、薄力粉、揚げ油	各適量
B ［トマトケチャップ、マヨネーズ	各小さじ1

1 イカは1cm幅、長さ4cmに切り、塩、薄力粉をまぶす。

2 混ぜ合わせてとろりとさせたAをつけ、170℃（中温）に熱した油で揚げる。食べるときに混ぜ合わせたBをつける。

ツナコロッケ（※3個分）

じゃがいも	小1個
ツナ（オイル漬・汁気を切る）	大さじ1
塩、こしょう	各少々
薄力粉、溶き卵、パン粉、揚げ油	各適量
中濃ソース（好みで）	適量

1 じゃがいもは皮をむき、ラップにふんわり包む。電子レンジで約4分、途中で上下を返して、上から押してつぶれるくらいまで加熱し、熱いうちにつぶす。

2 *1*にツナ、塩、こしょうを加えて混ぜ、3等分にして丸め、薄力粉、溶き卵、パン粉の順にまぶす。

3 180℃（高温）に熱した油でキツネ色になるまで揚げ、好みでソースをつける。

Part 4 カラフルバリエーションおかず　魚介のおかず

赤のおかず

各レシピ 子ども1人分
（※）のみ 作りやすい分量

おべんとうを元気な印象に
したいときにプラス！
トマト・にんじん・パプリカのおかず。

パプリカとツナの炒め和え

パプリカ（赤）	⅛個
ツナ缶（オイル漬）	小さじ1
オリーブオイル	小さじ⅓
しょうゆ	少々

1 パプリカは長さを半分にし、せん切りにする。

2 フライパンにオリーブオイルを熱して**1**を炒め、火を止める直前にツナとしょうゆを加え混ぜる。

にんじんのたらこ和え

にんじん（ピーラーでむく）……20本（約20～30g）
たらこ（ほぐす）……小さじ1弱

1 にんじんは沸騰した湯でさっとゆで、ざるに上げて水気を切る。

2 **1**を鍋に戻し入れ、弱火でたらこを加えて混ぜ、火が通るまで10～20秒炒る。

ミニトマトのマリネ

ミニトマト……3個
ドレッシング（市販品）……小さじ
＊オイル入りタイプがおすすめ

1 ミニトマトは半分に切り、ドレッシングで和える。水気を切って詰める。

にんじんのバター煮

にんじん		3cm
A	バター	小さじ¼
	砂糖	小さじ1
	塩	少々

1 にんじんは皮をむいて厚さ8mmの輪切りにする。

2 小鍋に**1**、**A**とひたひたの水（分量外）を入れて火にかけ、にんじんがやわらかくなるまで煮る。

＊鍋の大きさによって水分量が違うので、味見をして砂糖で甘みを調節する。

パプリカのチーズ焼き

パプリカ（赤、縦に2cm幅に切ったもの）……1本
ベーコン……¼枚
ピザ用チーズ……大さじ1
トマトケチャップ……小さじ½

1 パプリカは長さを半分にし、せん切りにする。ベーコンは幅5mmに切る。

2 アルミホイルにサラダ油（分量外）を薄くぬり、パプリカ、ケチャップ、チーズ、ベーコンを順にのせる。

3 オーブントースターで焦げ目がつくまで焼く。

緑のおかず

各レシピ 子ども1人分
（＊）のみ 作りやすい分量

茶色に偏りがちなおべんとうを
パッと明るくしてくれる緑。
野菜不足のときにも役立ちます。

小松菜とちくわ炒め

小松菜	1株
ちくわ	½本
サラダ油	小さじ⅓
A かつおぶし	ひとつまみ
A しょうゆ	少々

1. 小松菜は幅2cmに、ちくわは厚さ5mmの小口切りにする。
2. フライパンにサラダ油を熱し、1を炒め、Aを加え混ぜる。

ブロッコリーのピカタ

ブロッコリー	2〜3房
塩	少々
薄力粉	適量
溶き卵	½個
オリーブオイル	小さじ½
トマトケチャップ（好みで）	適量

1. ブロッコリーはゆでて水気を切り、塩、薄力粉を順にまぶす。
2. フライパンにオリーブオイルを熱し、1を卵にくぐらせて焼く。残った卵も上からかける。両面を焼き、好みでケチャップを絡める。

インゲンのふりかけ和え

インゲン	4本
ふりかけ（おかか味など）	適量

1. インゲンはゆでて長さを4等分に切る。
2. ふりかけで1を和える。

キャベツとハムのごまマヨ和え

キャベツ	½枚
ロースハム	½枚
A 白すりごま	小さじ½
A マヨネーズ	小さじ½
A しょうゆ	少々

1. キャベツはせん切りにしてふんわりとラップで包み、電子レンジで30〜40秒、しんなりするまで加熱する。ハムはせん切りにする。
2. 1をAで和える。

コーンと小松菜のソテー

小松菜	1株
コーン（缶詰）	大さじ½
バター	小さじ¼
塩	少々

1. 小松菜は長さ2cmに切る。
2. フライパンにバターを熱し、1、コーンを炒め、塩で味を調える。

Part 4 カラフルバリエーションおかず 赤のおかず／緑のおかず

黄のおかず

各レシピ 子ども1人分
(※)のみ 作りやすい分量

パッと明るいさし色になる
黄色のおかずたち。
いもやかぼちゃはボリュームアップにも。

コーンのバター風味卵とじ

コーン(缶詰)	大さじ1・½
バター	小さじ⅓
A [卵	½個
塩、こしょう	各少々

1 フライパンにバターを熱し、コーンを炒める。

2 混ぜ合わせたAを流し入れ、折りたたむようにまとめる。

パプリカのハムチーズサンドピック

パプリカ(黄、4cm×4cm)	2枚
ロースハム	½枚
スライスチーズ	½枚

1 パプリカはゆで、種の側面にある厚みをそぎ落とし、食べやすくする。

2 パプリカ、チーズ、ハム、チーズ、パプリカの順に重ね、食べやすい大きさに切ってピックでとめる。

＊パプリカのそぎ取った部分は刻んでチャーハンなどに混ぜて使うとよい。

かぼちゃのミルク煮

かぼちゃ(4cm角)	1切れ
牛乳	大さじ1
塩、こしょう	各少々

1 かぼちゃはやわらかくゆで、ゆでこぼす。

2 牛乳、塩、こしょうを加えて、表面が軽くつぶれるように混ぜながら弱火で煮る。

かぼちゃの粉チーズ和え

かぼちゃ(4cm角)	1切れ
粉チーズ	小さじ½

1 かぼちゃはやわらかくゆでる。

2 粉チーズで**1**を和える。

じゃがいものカレー風味サラダ

じゃがいも(小)	⅓個
ウインナーソーセージ(ミニ)	½本
A [塩、カレー粉	各少々
マヨネーズ	小さじ1

1 じゃがいもは皮をむいてひと口大に切り、ゆでる。ウインナーも同じ湯で1分程度ゆで、厚さ5mmの半月切りにする。

2 じゃがいもが熱いうちに軽くつぶし、Aで和える。

白・黒・茶のおかず

各レシピ 子ども1人分
(※)のみ 作りやすい分量

不足しがちな栄養を補うおかず。
ちょっと加えると、味や色の
バランスもよりアップします。

ひじきのサラダ

ひじきの水煮(缶詰)	大さじ2
カニ風味かまぼこ	1本
きゅうり	3cm
和風ドレッシング(市販品)	小さじ1

1 きゅうり、カニかまは1cm角程度に切る。

2 1とひじきをドレッシングで和える。

なすのみそ炒め

なす	¼本
A [みそ	小さじ½
砂糖、みりん	各小さじ½
しょうゆ、白いりごま	各少々
サラダ油	小さじ½

1 なすは厚さ3mmの半月切りにして水にさらし、水気を切る。

2 フライパンにサラダ油を熱し、1がしんなりするまで炒める。混ぜ合わせたAを加えて煮絡める。

はんぺんのピザ風焼き

はんぺん(5cm×5cm)	1切れ
ベーコン	2cm
ピザソース	小さじ1
ピザ用チーズ	大さじ1

1 はんぺんは斜め半分に切る。ベーコンは幅5mmに切る。

2 アルミホイルにサラダ油(分量外)を薄くぬり、はんぺん、ピザソース、チーズ、ベーコンの順にのせ、オーブントースターで約3分、焦げ目がつくまで焼く。

しらたきのたらこ和え

しらたき	40g
たらこ(ほぐす)	小さじ1
しょうゆ	少々

1 しらたきは長さを2〜3等分し、水気を切る。

2 小鍋に1を入れて炒り、たらこを加えて火を止め、さらに混ぜて余熱で火を通す。

3 ぽろぽろになってきたらしょうゆで味を調える。

きのこのソテー

しめじ	40g
オリーブオイル	小さじ⅓
しょうゆ	少々

1 しめじは石づきを切り落とし、さっと洗って水気を拭く。

2 オリーブオイルを熱したフライパンに1を入れ、軽く焦げ目がつくまで焼く。しょうゆで味を調える。

すきまおかず

すきまができたときや、
ボリュームが足りないときなど、
バランスを補いたいときに
便利な食材。

うずら卵（水煮）

食べやすくかわいいうずら卵は、
すきまおかずの代表！
パック入りでストックできて便利。

例えばこんな使い方で
- ミニトマトとピックに刺して
  → P26「ハンバーグべんとう」
- 飾り切りに
  → P53「牛肉のにんじん巻きべんとう」

ミニトマト

他の食材との相性がよく、
使い勝手がいいのもポイント。
ヘタを取ってから詰めて。

例えばこんな使い方で
- 断面を見せて
  → P38「チキンナゲットべんとう」
- きゅうりとピックに刺して
  → P40「白身魚のフリッターべんとう」

かまぼこ

形が自由自在なかまぼこは、
刻んでおかずにも使えるので、
買っておくと便利。

例えばこんな使い方で
- かわいく型抜きして
  アクセントに
  → P58「カレーピラフべんとう」
- おかずに使って、すきまにも詰める
  → P88「炊き込みおこわべんとう」

市販の煮物

調理済みで日持ちもする
豆の煮物やさつまいもは、
一品足りないときに役立ちます。

例えばこんな使い方で
- そのまますきまに詰めて
  → P38「チキンナゲットべんとう」
- 黒豆をピックに刺して
  → P44「手まり寿司おにぎりべんとう」

つまみ揚げ

魚の練り物を揚げた、
小さなさつまあげは、
ボリューム感アップに便利。

例えばこんな使い方で
- 肉や魚が少なめのときに
- 全体のボリューム感が
  足りないときに

Part 4 カラフルバリエーションおかず　すきまおかず

きゅうり

薄切りにしても飾り切りにしても、
ピックに刺しても使える
お助け食材です。

例えばこんな使い方で
- ピックに刺して
  → P32「ミックスサンドべんとう」
- お花の飾り切りにして
  → P60「酢豚べんとう」

キャンディチーズ

コンビニなどでも買えるから、
いつでも使えて便利。
そのままでもピックに刺しても。

例えばこんな使い方で
- 包みのまますきまに詰めて
  → P32「ミックスサンドべんとう」
- プチトマトとピックに刺して
  → P86「スコッチエッグべんとう」

カニ風味かまぼこ
（プレーン/チーズ入り）

鮮やかな赤で彩りのアップに。
切ったり割いたりしても
使えるので便利。

例えばこんな使い方で
- ピックに刺して
  → P67「ねこのおいなりさんべんとう」
- 半分に切ってすきまに差し込む
  → P80「親子丼べんとう」

缶詰のフルーツ

果物が足りないときに
重宝するストックフルーツ。
さくらんぼやミックスタイプも。

例えばこんな使い方で
- 彩りが足りないときにプラス
  → P54「レンジシュウマイべんとう」
- 小さいおべんとう箱に入れて
  → P72「焼きそばべんとう」

栗の甘露煮

甘くて子どもが食べやすい
和のすきまおかず。
黄色で彩りもアップします。

例えばこんな使い方で
- カップに入れてすきまに詰めて
  → P79「焼きおにぎりべんとう」

フルーツゼリー

手を加える必要がないゼリーは、
時間がないときにも役立って、
カラフルな色合いもプラスできます。

例えばこんな使い方で
- 1個をすきまに詰めて
  → P55「メカジキのベーコン
       巻きべんとう」
- いくつか添えてカラフルに
  → P76「食パンサンドべんとう」

107

食材別インデックス

肉

◆ 牛肉

- 牛肉と玉ねぎのケチャップ&ソースソテー …… 98
- 牛肉ともやしの卵とじ …… 98
- 牛肉のカラフル野菜巻き …… 98
- 牛肉のしぐれ煮 …… 98
- 牛肉のにんじん巻き …… 53
- 焼き肉サンドイッチ …… 92
- ゆで卵の牛肉巻き …… 98

◆ 鶏肉

- 親子丼 …… 80
- から揚げ …… 24
- から揚げおにぎり …… 69
- ささみの梅肉巻き …… 96
- ささみのピカタ …… 36
- ささみのごま焼き …… 96
- ささみのスティックフライ …… 97
- 鶏そぼろ入りオムレツ …… 99
- 鶏の照り焼き …… 48
- 鶏むね肉ときゅうりのバンバンジーサラダ …… 97
- 鶏もも肉のケチャップソテー …… 51
- フライドチキン&ポテトフライ …… 90

◆ 豚肉

- お好み焼き …… 74
- 串カツ …… 88
- 酢豚 …… 60
- 豚とキャベツの塩麹炒め …… 98
- 豚と小松菜のしゃぶしゃぶごま和え …… 97
- 豚肉のマーマレード焼き …… 97

◆ ひき肉

- カニかま入りシュウマイ …… 97
- カレーつくね …… 50
- カレーピラフ …… 58
- そぼろごはん …… 62
- タコライス風ごはん …… 64
- チキンナゲット …… 38
- 鶏ひき肉とコーンのつまみ揚げ …… 97
- 鶏ひき肉とにんじんのみそつくね …… 96
- 鶏ひき肉とミックスベジタブルのカレーそぼろ …… 96
- ひき肉と豆腐のハンバーグ …… 96
- ミートボール …… 30
- ミニハンバーグとつけ合わせ野菜 …… 26
- 野菜入りハンバーグ …… 63
- レンジシュウマイ …… 54

◆ ウインナー・ハム・ベーコン

- ウインナーとピーマンのケチャップソテー …… 67
- ウインナーとミックスベジタブルのオムレツ …… 47
- キャベツとハムのくるくるピック …… 48
- キャベツとハムのごまマヨ和え …… 103
- たこさんウインナーとゆで野菜 …… 20
- タラとハムのお魚バーグ …… 101
- パイナップルウインナー …… 58
- パプリカのハムチーズサンドピック …… 104
- ひらひらハム …… 28
- ミックスサンドイッチ …… 32
- メカジキとアスパラのベーコン巻き …… 55
- 野菜ウインナーピック …… 50
- 野菜とハムのグラタン …… 42
- ゆで野菜&お魚ウインナー …… 68

魚介

◆ イカ

- イカのスティックフリッター …… 101

◆ エビ

- エビのギョーザの皮包み焼き …… 101
- エビフライ …… 34
- エビマヨ …… 46

◆ 鮭

- 鮭とうずらのフライ …… 28
- 鮭のせ混ぜごはん …… 66
- 鮭のマヨネーズ焼き …… 100

◆ サバ

- サバのから揚げ風 …… 101
- サバのオイスターソース焼き …… 101

◆ サワラ

- サワラのみそマヨ焼き …… 68

◆ タラ

- 白身魚の青のりフリッター …… 40
- タラとハムのお魚バーグ …… 101

◆ ブリ

- ブリの照り焼き …… 52

◆ ホタテ

- ホタテのケチャップ炒め …… 100

◆ マグロ

- マグロの焼き肉のタレ炒め …… 100

◆ メカジキ

- メカジキとアスパラのベーコン巻き …… 55
- メカジキのカレーマヨ焼き …… 100
- メカジキのごまみそ焼き …… 100
- メカジキのピザ風トースター焼き …… 49

◆ 魚の加工品

- お魚ソーセージサンド …… 78

お魚ソーセージピック	74
温野菜&ツナディップ	86
カニかま入りシュウマイ	97
カニかま入りミニ卵焼き	79
かまぼこパンダ	58
小松菜とちくわ炒め	103
鮭フレークおにぎり	38
しらたきのたらこ和え	105
ちくわきゅうり	44
ちくわのにんじんピック	69
ツナコロッケ	101
ツナチーズ入りオムレツ	99
にんじんのたらこ和え	102
パプリカとツナの炒め和え	102
はんぺんのピザ風焼き	105
ほうれんそうとかまぼこの塩昆布ごま和え	88
もやしとカニかまのポン酢和え	63
焼きたらこおにぎり	47
ゆで野菜&お魚ウインナー	68

卵

◆ 卵

ウインナーとミックスベジタブルのオムレツ	47
お花ゆで卵	64
オムレツのせナポリタン	73
親子丼	80
カッテージチーズ入り茶巾	99
カニかま入りミニ卵焼き	79
サクラエビと青のり入り卵焼き	99
だし巻き卵	88
ツナチーズ入りオムレツ	99
鶏そぼろ入りオムレツ	99
のりのぐるぐる卵焼き	99
ハートの卵焼き	20
ひらひら卵	34
ほうれんそうと錦糸卵の中華和え	67
ほうれんそうとスクランブルエッグの茶巾	51
ほうれんそうの卵巻き	36
ミックスサンドイッチ	32
ミニトマト入りオムレツ	66
ゆで卵の牛肉巻き	98

◆ うずら卵

うずらとミニトマトのきゅうり巻きピック	55
うずらのスコッチエッグ	86
うずらピック	76
うずらひよこ	53
鮭とうずらのフライ	28

乳製品

◆ 乳製品

温野菜サラダ	49
カッテージチーズ入り茶巾	99

かぼちゃの粉チーズ和え	104
ツナチーズ入りオムレツ	99
のりチーズピック	80
パプリカのチーズ焼き	102
パプリカのハムチーズサンドピック	104
はんぺんのピザ風焼き	105
フルーツサンドイッチ	92
混ぜ込みおにぎり	53
ミニトマトとチーズのピック	86
メカジキのピザ風トースター焼き	49
野菜のチーズのり巻きピック	75

豆・豆製品

◆ 豆腐・油揚げ

ねこのおいなりさん	67
ひき肉と豆腐のハンバーグ	96

野菜

◆ インゲン

インゲンとかぼちゃのピーナッツ和え	58
インゲンのふりかけ和え	103
さつまいもとインゲンの甘煮	30
スティック大学芋	40
野菜のチーズのり巻きピック	75
野菜の煮物	54

◆ おくら

おくらのおかか和え	24
おくらのごま和え	80
おくらピック	34

◆ かぼちゃ

インゲンとかぼちゃのピーナッツ和え	58
温野菜&ツナディップ	86
かぼちゃサラダ	65
かぼちゃの粉チーズ和え	104
かぼちゃのごま和え	46
かぼちゃのミルク煮	104
ミニハンバーグとつけ合わせ野菜	26
野菜とハムのグラタン	42
野菜の煮物	54

◆ キャベツ

お好み焼き	74
キャベツとコーンのコールスローサラダ	69
キャベツとハムのくるくるピック	48
キャベツとハムのごまマヨ和え	103
豚とキャベツの塩麹炒め	98
レンジキャベツ	64

◆ きゅうり

うずらとミニトマトのきゅうり巻きピック	55
お花きゅうり	60

きゅうりのカレーマヨ和え……79
きゅうりのゆかり和え……28
塩もみきゅうりとミニトマトピック……40
ちくわきゅうり……44
鶏むね肉ときゅうりのバンバンジーサラダ……97

◆ グリーンアスパラガス
エビマヨ……46
ミニハンバーグとつけ合わせ野菜……26
メカジキとアスパラのベーコン巻き……55
野菜ウインナーピック……50

◆ さつまいも
温野菜のドレッシング和え……78
さつまいもとインゲンの甘煮……30
スティック大学芋……40
炊き込みおこわ……88
ゆで野菜（スナップエンドウ＆さつまいも）……22

◆ スナップエンドウ
ゆで野菜（スナップエンドウ＆さつまいも）……22
ゆで野菜（スナップエンドウ＆とうもろこし）……38

◆ じゃがいも
具だくさんポテトサラダ……92
じゃがいものカレー風味サラダ……104
ツナコロッケ……101
フライドチキン＆ポテトフライ……90
ミニポテトサラダ……32
じゃがいものゆかり和え……77
野菜のチーズのり巻きピック……75

◆ とうもろこし
キャベツとコーンのコールスローサラダ……69
コーンと小松菜のソテー……103
コーンのバター風味卵とじ……104
コーンライスおにぎり……28
鶏ひき肉とコーンのつまみ揚げ……97
ゆで野菜（スナップエンドウ＆とうもろこし）……38

◆ なす
なすのみそ炒め……105

◆ にんじん
温野菜＆ツナディップ……86
温野菜サラダ……49
温野菜のドレッシング和え……78
型抜きにんじん……77
牛肉のにんじん巻き……53
炊き込みおこわ……88
タコさんウインナーとゆで野菜……20
ちくわのにんじんピック……69
鶏ひき肉とにんじんのみそつくね……96
にんじんのたらこ和え……102
にんじんのバター煮……102

野菜ウインナーピック……50
野菜とハムのグラタン……42
野菜のチーズのり巻きピック……75
野菜の煮物……54
ゆで野菜＆お魚ウインナー……68

◆ パプリカ
牛肉のカラフル野菜巻き……98
パプリカとツナの炒め和え……102
パプリカのチーズ焼き……102
パプリカのハムチーズサンドピック……104

◆ ピーマン
ウインナーとピーマンのケチャップソテー……67

◆ ブロッコリー
温野菜＆ツナディップ……86
温野菜サラダ……49
温野菜のドレッシング和え……78
タコさんウインナーとゆで野菜……20
ブロッコリーのお花……53
ブロッコリーのピカタ……103
野菜入りハンバーグ……63
野菜とハムのグラタン……42
ゆで野菜＆お魚ウインナー……68

◆ ほうれんそう
ほうれんそうとかまぼこの塩昆布ごま和え……88
ほうれんそうと錦糸卵の中華和え……67
ほうれんそうとスクランブルエッグの茶巾……51
ほうれんそうの卵巻き……36

◆ ミニトマト
うずらとミニトマトのきゅうり巻きピック……55
塩もみきゅうりとミニトマトピック……40
ミニトマト入りオムレツ……66
ミニトマトとチーズのピック……86
ミニトマトのマリネ……102

◆ もやし
牛肉ともやしの卵とじ……98
もやしとカニかまのポン酢和え……63

◆ 玉ねぎ
親子丼……80
牛肉と玉ねぎのケチャップ＆ソースソテー……98
野菜入りハンバーグ……63

◆ 小松菜
コーンと小松菜のソテー……103
小松菜とちくわ炒め……103
豚と小松菜のしゃぶしゃぶごま和え……97

◆ ミックスベジタブル
ウインナーとミックスベジタブルのオムレツ……47
オムライス……22

カッテージチーズ入り茶巾	99
チャーハン	77
鶏ひき肉とミックスベジタブルのカレーそぼろ	96
ミニスパゲティ	52
ミニポテトサラダ	32

乾物・漬け物・こんにゃく

◆ 乾物
切干大根のレンジ煮	62
サクラエビと青のり入り卵焼き	99
ひじきのサラダ	105
ひじきのレンジ煮	66

◆ 漬け物
刻み梅おにぎり	51
たくあん入り細巻き	48
たくあんごはん	60

◆ こんにゃく
しらたきのたらこ和え	105

◆ きのこ類
きのこのソテー	105

海藻類

◆ のり
サクラエビと青のり入り卵焼き	99
のりチーズピック	80
のりのぐるぐる卵焼き	99

◆ ひじき
ひじきのサラダ	105
ひじきのレンジ煮	66

◆ 昆布
ほうれんそうとかまぼこの塩昆布ごま和え	88

ごはん・パン・めん

◆ おにぎり
お魚おにぎり	52
顔つきおにぎり	26
から揚げおにぎり	69
刻み梅おにぎり	51
具入りおにぎり	63
コーンライスおにぎり	28
ごま塩おにぎり	24
鮭フレークおにぎり	38
サッカーボールおにぎり	50
手まりおにぎり	20
手まり寿司おにぎり	44
2色おにぎりサンド	55
ねこちゃんおにぎり	30
ハートおにぎり	46
パンダおにぎり	36
ひと口ごまおにぎり	34
混ぜ込みおにぎり	53
焼きおにぎり	79
焼きたらこおにぎり	47
りんごおにぎり	40

◆ ごはん
オムライス	22
親子丼	80
顔つきごはん	68
カレーピラフ	58
鮭のせ混ぜごはん	66
そぼろごはん	62
炊き込みおこわ	88
たくあんごはん	60
タコライス風ごはん	64
チャーハン	77

◆ のり巻き
くるくるのり巻き	54
たくあん入り細巻き	48
のり巻きおにぎり	86

◆ いなり
ねこのおいなりさん	67

◆ パン
お魚ソーセージサンド	78
ハムチーズサンド&チョコクリームサンド	76
フルーツサンドイッチ	92
ミックスサンドイッチ	32
ミニクロワッサン	42
焼き肉サンドイッチ	92
ロールサンドイッチ	90
ロールパンサンド	49
ロールパンホットドッグ	65

◆ パスタ
オムレツのせナポリタン	73
マカロニサラダ	90
ミニスパゲティ	52

◆ 中華麺
焼きそば	72

◆ 粉類
お好み焼き	74
ホットケーキ	75

フルーツ

◆ フルーツ
うさぎりんご	24・74
フルーツサンドイッチ	92

著者
阪下 千恵 さかした ちえ

料理研究家・栄養士。外食企業・有機野菜の宅配会社などを経て独立。現在は、企業販促用レシピの開発、HP、雑誌、テレビなどで活躍中。4歳と10歳の女の子のママ。子育て中のママならではの、おべんとう作りの経験から生まれる、リアルで役立つアイディアが豊富。手軽でかわいいおべんとうレシピが人気。

http://riezon.cocolog.nifty.com/

本書の内容に関するお問い合わせは、書名、発行年月日、該当ページを明記の上、書面、FAX、お問い合わせフォームにて、当社編集部宛にお送りください。電話によるお問い合わせはお受けしておりません。また、本書の範囲を超えるご質問等にもお答えできませんので、あらかじめご了承ください。

FAX：03-3831-0902
お問い合わせフォーム：http://www.shin-sei.co.jp/np/contact-form3.html

落丁・乱丁のあった場合は、送料当社負担でお取替えいたします。当社営業部宛にお送りください。
本書の複写、複製を希望される場合は、そのつど事前に、(社)出版者著作権管理機構（電話：03-3513-6969、FAX：03-3513-6979、e-mail：info@jcopy.or.jp）の許諾を得てください。
JCOPY ＜(社)出版者著作権管理機構 委託出版物＞

園児のかわいいおべんとう

著者	阪下 千恵
発行者	富永 靖弘
印刷所	慶昌堂印刷株式会社

発行所　東京都台東区台東2丁目24　株式会社 新星出版社
〒110-0016　☎03(3831)0743

Ⓒ Chie Sakashita　　　　Printed in Japan

ISBN978-4-405-09256-3